# 웹서베이

커뮤니케이션이해총서

급변하는 커뮤니케이션 환경에서 새로운 지식에 대한 욕구가 높아지고 있습니다. 이러한 흐름에 발맞추어 하나의 커뮤니케이션 주제를 10개 항목으로 묶어서 달걀 꾸러미처럼 엮었습니다. 사회의 변화를 빠르게 알기 원하는 대중과 시대에 앞선 지식을 단시간에 알고자 하는 연구자, 실무자, 학생에게 도움이 되는 책입니다.

일러두기

- 인명, 작품명, 저서명, 개념어 등은 한글과 함께 괄호 안에 해당 국가의 원어를 병기했습니다.
- 외래어 표기는 현행 어문규정의 외래어표기법을 따랐습니다.

# 웹서베이

오승호

대한민국, 서울, 커뮤니케이션북스, 2025

**웹서베이**

지은이 오승호
펴낸이 박영률

초판 1쇄 펴낸날 2025년 11월 14일

커뮤니케이션북스(주)
출판 등록 2007년 8월 17일 제313-2007-000166호
02880 서울시 성북구 성북로 5-11
전화(02) 7474 001, 팩스(02) 736 5047
commbooks@commbooks.com
www.commbooks.com

CommunicationBooks Inc.
5-11, Seongbuk-ro
Seongbuk-gu, Seoul, 02880, KOREA
phone 82 2 7474 001, fax 82 2 736 5047



ISBN 979-11-430-1148-0 04300

책값은 뒤표지에 표시되어 있습니다.

# 차례

여론을 묻는 방식의 진화 vii

01 웹서베이에 대한 소개 1

02 웹서베이의 활용 9

03 웹서베이의 절차 19

04 웹서베이 방법론: 설문지 작성 29

05 웹서베이 방법론: 웹설문 프로그래밍 37

06 웹서베이 방법론: 패널 45

07 웹서베이 방법론: 패널 이외 표집틀 55

08 웹서베이의 장점과 단점 65

09 웹서베이 의뢰 시 고려 사항 75

10 웹서베이의 미래 동향과 발전 방향 85

# 여론을 묻는 방식의 진화

우리는 인류 역사상 그 어느 때보다 데이터에 깊이 의존하는 시대를 살아가고 있다. 기업은 소비자의 미묘한 욕망을 데이터로 포착해 새로운 시장을 개척하고, 정부는 복잡하게 얽힌 사회 문제에 대한 시민들의 의견을 데이터로 수렴해 정책의 정당성과 효과성을 확보하며, 학계는 인간 사회의 작동 원리를 데이터 속에서 발견하고 검증한다. 이처럼 현대 사회의 모든 지적 활동과 합리적 의사 결정의 가장 근원적인 출발점은 바로 '사람들의 생각'이라는 무형의 자산을 어떻게 유형의 데이터로 전환하는가에 달려 있다.

여론을 파악하려는 인류의 노력은 오래전부터 계속되어 왔다. 20세기 초, 조지 갤럽(George Gallup)이 과학적 표본 조사의 개념을 도입한 이래, 우리가 사회를 이해하는 방식은 가히 혁명적으로 변화했다. 가가호호 방문하는 대면 조사, 무작위로 전화를 거는 전화 조사, 그리고 우편으로 질문지를 보내는 우편 조사는 지난 수십 년간 여론 지형을 파악하는 표준적인 도구로 기능해 왔다. 그러나 이런 전통적인 방식은 막대한 비용과 긴 시간, 그리고 지리적 제약이라는 명백한 한계를 안고 있었다. 20세기 후반, 인터넷의 등장은 이 모든 한계의 벽을 한 번에 허물어뜨리는 거대한 패러다임 전환을 예고했다. 정보가 시공간의 제약 없이 흐르는 디지털 네트워크는 사회의 목소리를 듣는 방식에도 근본적인 변화를 가져왔고, 이메일을 통한 초기의 단순한 설문 시도를 거쳐, 웹 브라우저를 기반으로 한 본격적인 '웹서베이'가 탄생한 것이다.

초기 웹서베이는 기술적 한계와 인터넷 보급률 문제로 제한적으로 활용되었지만, 그 안에 담긴 '비용 효율성, 신속성, 광범위한 접근성'이라는 잠재력은 폭발적이었다. 이제 웹서베이는 단순히 전통 조사의 편리한 대안이 아니라 디지털 시대의 복잡성과 역동성을 가장 예민하게 포착하는 핵심적인 조사 방법론으로 그 위상을 확고히 했다. 마케팅, 학술 연구, 공공 정책, 의료, 교육 등 사회의 모든 영역에서 웹서베이는 의사 결정에 필요한 핵심 정보를 제공하는 가장 강력한 도구가 되었다. 그러나 이 눈부신 발전의 이면에는 우리가 반드시 직시해야 할 짙은 그림자가 존재한다. 누구나 쉽게 설문을 만들고 데이터를 얻을 수 있게 된 지금, 우리는 스스로에게 질문해야 한다.

"우리가 상대적으로 손쉽게 얻은 이 웹서베이 데이터는

과연 믿을 수 있는가?" 이 책은 바로 이 질문에서 출발한다.

## 누구나 손에 쥔 강력한 도구, 그 눈부신 '빛'

웹서베이라는 강력한 도구가 가진 빛과 그림자를 동시에 깊이 있게 조명하고, 그 그림자를 극복해 데이터의 진정한 가치를 발견하고자 하는 모든 이를 위한 실질적인 안내서로서, 먼저 그 '빛'이 얼마나 눈부신지 살펴볼 필요가 있다.

웹서베이가 가져온 가장 큰 미덕은 단연 비용과 시간의 혁신적인 효율성이다. 수백 명의 조사원을 고용하고 수만 장의 설문지를 인쇄하는 데 들었던 막대한 비용과 시간은 거의 '0'에 가깝게 수렴했다. 단 몇 번의 클릭만으로 전 세계 수천수만 명에게 동시에 설문을 배포하고, 데이터가 수집되는 과정을 실시간으로 모니터링하며, 분석까지 걸리는 시간을 획기적으로 단축할 수 있게 되었다. 이는 급변하는 시장에 민첩하게 대응해야 하는 기업과 긴급한 현안에 대한 여론을 신속하게 파악해야 하는 정부에게 더없이 강력한 도구가 된다.

지리적 제약을 극복한 광범위한 도달 가능성 역시 웹서베이의 핵심적인 장점이다. 인터넷이 연결된 곳이라면 지구 반대편의 소비자에게도, 특정 희귀 질환을 앓는 환자 그룹에게도 손쉽게 접근할 수 있게 되면서, 과거에는 상상하기 어려웠던 글로벌 해외 리서치와 니치(niche, 틈새) 마켓 조사가 현실이 되었다. 여기에 더해 이미지, 동영상 등 멀티미디어를 활용한 풍부한 상호 작용은 응답자의 이해를 돕고 설문 몰입도를 높이며, 복잡한 논리 분기(skip logic) 기능은 응답자 맞춤형 질문을 통해 데이터의 정밀도를 강화한다.

## 편리함의 그늘, '그림자'를 직시하다

하지만 이 편리함이라는 밝은 빛은 필연적으로 어두운 그림자를 동반한다. 가장 근본적인 문제는 표본의 대표성에 대한 끊임없는 도전이다. 웹서베이는 구조적으로 인터넷 사용이 미숙한 고령층이나 디지털 정보 접근성이 낮은 계층을 배제하는 '디지털 격차' 문제를 안고 있다. 이로 인해 우리가 얻은 표본이 전체 모집단의 축소판이 되지 못하고 특정 계층에 편중될 위험이 상존한다. 더욱 심각한 문제는 자발적으로 설문에 참여하는 응답자들의 '자기 선택 편향(self-selection bias)'이다. 특정 이슈에 대해 강한 의견을 가졌거나, 온라인 활동이 유독 활발하거나, 혹은 설문 참여에 따르는 인센티브에 민감한 사람들이 표본에서 과대 대표될 수 있다.

데이터 품질 저하의 위험 또한 웹서베이가 풀어야 할 숙명적 과제다. 금전적 보상만을 목적으로 여러 패널에 가입해 기계적으로 응답하는 '전문 응답자', 모든 질문에 동일한 답변을 반복하는 '일직선 응답', 그리고 자동화된 프로그램인 '봇(bot)'의 침투는 데이터의 신뢰성을 심각하게 훼손할 수 있다. 이런 문제는 웹서베이의 편리함이라는 장점을 무색하게 만들며, "과연 이 데이터를 믿고 중요한 의사 결정을 내릴 수 있는가?"라는 회의론을 낳는 주된 원인이 된다.

## 신뢰를 향한 여정: 이 책의 로드맵

이 책은 웹서베이가 가진 문제점을 지적하는 데서 멈추지 않는다. 오히려 그 한계를 명확히 인지하고, 이를 과학적인 방법론과 투철한 윤리 의식으로 극복해 나가는 구체적인 길을 총 10개의 장에 걸쳐 체계적인 로드맵으로 제시한다. 이 여정은 웹서베이의 기초를 다지는 것에서 시작해, 실무 역량을 갖추고, 데이터의 신뢰도를 확보하며, 궁극적으로는 미래를 준비하는 전문가로 거듭나는 과정으로 구성되어 있다.

## 1단계: 기초 다지기 - 웹서베이의 본질 이해

모든 탐구는 정확한 정의에서 출발한다. 1장 '웹서베이에 대한 소개'에서는 우리가 흔히 '온라인서베이'라 부르는 것들과 '웹서베이'의 엄밀한 차이점을 파헤치며 논의의 명확한 출발선을 설정한다. 웹서베이의 역사적 흐름과 푸시(Push) · 풀(Pull) 방식과 같은 핵심 유형을 이해함으로써, 이 도구의 기본적인 특성을 파악하게 될 것이다.

이어 2장 '웹서베이의 활용'에서는 이 도구가 왜 중요한지를 생생하게 보여 준다. 기업의 마케팅 전략 수립부터 정부의 정책 평가, 학계의 연구, 의료 현장의 환자 관리, 나아가 국경을 넘는 해외 조사에 이르기까지, 웹서베이가 사회 각 분야에서 어떻게 강력한 가치를 창출하는지 구체적인 사례를 통해 그 중요성과 영향력을 체감할 수 있게 한다.

## 2단계: 실행력 갖추기 - 성공적인 조사의 설계와 구축

탄탄한 기초 위에 실무 역량을 쌓는다. 3장 '웹서베이의 절차'에서는 성공적인 웹서베이 프로젝트의 전체 청사진을 그린다. 조사의 목표를 날카롭게 벼리는 '기획' 단계부터, 설문지를 만들고 시스템을 구축하는 '설계 및 구축', 그리고 실제 데이터를 얻고 분석해 보고서를 작성하는 '수집, 분석, 보고' 단계까지, 웹서베이의 전 과정을 체계적으로 안내한다.

4장 '웹서베이 방법론: 설문지 작성'에서는 데이터 품질을 좌우하는 심장, 즉 '문항'을 만드는 기술을 집중적으로 탐구한다. 특히 모바일 환경에 최적화된 문항 설계 원칙, 응답 편향을 유발하지 않는 질문 작성법, 그리고 개방형·폐쇄형·척도형 등 다양한 질문 유형을 전략적으로 활용하는 법을 상세히 설명하여, 응답자에게서 양질의 데이터를 이끌어 내는 노하우를 전수한다.

마지막으로 5장 '웹서베이 방법론: 웹설문 프로그래밍'에서는 잘 설계된 설문지를 웹 환경에서 기술적으로 완벽하게 구현하는 과정을 다룬다. 조사 목적에 맞는 플랫폼을 선택하는 기준부터, 응답률을 높이는 사용자 친화적 디자인 구현 방법, 그리고 논리 분기나 순서 회전과 같은 고급 기능을 정확하게 프로그래밍하고 테스트하는 실무 지식을 제공한다.

### 3단계: 신뢰도 확보하기 - 표본 편향과의 전쟁

이제 웹서베이의 가장 어려운 과제이자 핵심인 신뢰도 문제에 정면으로 맞선다. 6장 '웹서베이 방법론: 패널'에서는 웹서베이의 핵심 응답자 소스인 온라인 패널의 모든 것을 파헤친다. 확률 기반 패널과 비확률 기반 패널의 근본적인 차이점, 패널 활용의 명백한 장점과 '패널 컨디셔닝', '전문 응답자' 문제와 같은 치명적인 한계점을 명확히 하고, 신뢰할 수 있는 패널을 선택하고 효과적으로 활용하기 위한 전략을 제시한다.

7장 '웹서베이 방법론: 패널 이외 표집들'에서는 패널이라는 안전지대를 넘어, 주소 기반 표집(ABS), 전화번호부 기반 표집(RDD), 소셜 미디어 샘플링, 크라우드소싱 등 더욱 다양한 응답자 모집 방법을 소개한다. 각 방법의 특성과 장단점을 비교 분석해 조사 목적에 맞는 최적의 표집 전략을 수립할 수 있도록 돕는다.

8장 '웹서베이의 장점과 단점'에서는 앞선 논의를 종합하며, 특히 대표성 문제와 데이터 품질 저하라는 단점을 해결하기 위한 통계적 보정 기법의 세계를 본격적으로 소개한다. 유고브(YouGov)의 '샘플 매칭'부터 '사후 층화 가중치', 그리고 더 나아가 '성향 점수 가중치(성향 가중)', 'MRP(다층 회귀 및 사후 층화)'와 같은 최신 통계 기법이 어떻게 편향된 데이터를 보정하고 신뢰도를 높이는지 구체적으로 살펴본다.

### 4단계: 전문가로 거듭나기 - 현명한 의뢰와 미래 조망

마지막으로, 실무 전문가로서 갖춰야 할 역량과 미래를 내다보는 통찰력을 기른다. 9장 '웹서베이 의뢰 시 고려 사항'에서는 전문 업체에 조사를 의뢰할 때 알아야 할 실무적인 팁을 제공한다. 신뢰할 수 있는 조사업체를 선정하는 기준부터 명확한 커뮤니케이션 방법, 업체의 패널 품질을 검증하는 노하우, 연구 윤리 준수 여부 확인, 그리고 최종 결과물을 꼼꼼히 검토하는 방법까지, 성공적인 아웃소싱을 위한 모든 것을 안내한다.

마지막 10장 '웹서베이의 미래 동향과 발전 방향'에서는 인공지능(AI), 사물인터넷(IoT) 기술과의 융합, 게이미피케이션(Gamification)과 같은 새로운 조사 형태, 그리고 더욱 중요해질 데이터 윤리 및 보안 문제를 조망하며 이 책의 긴 여정을 마무리한다.

이 로드맵을 통해 독자들은 웹서베이라는 도구를 단순히 사용하는 것을 넘어, 그 본질을 꿰뚫고 한계를 극복하며 데이터의 진정한 가치를 창출하는 전문가로 거듭나게 될 것이다.

## 나가며: 더 나은 데이터를 향한 제언

이 책의 모든 논의는 궁극적으로 하나의 질문으로 수렴한다. "어떻게 하면 웹서베이를 통해 더 신뢰할 수 있는 데이터를 얻고, 더 나은 의사 결정을 내릴 수 있는가?" 이 질문에 답하기 위해, 이 책은 단순히 기술적 방법론을 나열하는 것을 넘어, 데이터를 다루는 연구자와 실무자가 갖춰야 할 비판적 시각과 윤리적 책임감을 강조한다. 우리는 데이터 수집의 전 과정에서 응답자를 단순한 데이터 소스가 아닌, 존중과 보호의 대상이 되는 '인간'으로 대해야 한다. 응답자의 시간을 소중히 여기고, 그들의 개인 정보를 철저히 보호하며, 조사 참여에 대해 명확한 정보를 제공하고 사전 동의를 얻는 것은 가장 기본적인 윤리 원칙이다.

이 책은 웹서베이의 성공이 단지 정교한 기술에만 달려 있는 것이 아니라 탄탄한 방법론적 이해와 투철한 윤리 의식의 결합을 통해 이루어진다는 점을 역설한다. 기술적 전문성과 윤리적 통찰력을 겸비할 때, 비로소 우리는 웹서베이라는 강력한 도구를 통해 데이터의 진정한 가치를 발견하고, 더 합리적이고 지혜로운 세상을 만들어 나갈 수 있을 것이다. 이 책과 함께, 웹서베이 데이터의 빛을 좇되 그림자를 외면하지 않는 지혜로운 여정을 시작하기를 바란다.

## 참고문헌

Bethlehem, J.(2009). *Understanding public opinion polls.* Wiley.

Callegaro, M., Manfreda, K. L., & Vehovar, V.(2015). *Web survey methodology*(Research methods for social scientists). Sage Publications.

Dillman, D. A., Smyth, J. D., & Christian, L. M.(2014). *Internet, phone, mail, and mixed-mode surveys: The tailored design method.* John Wiley & Sons.

Toepoel, V.(2012). *Doing surveys online.* Sage Publications.

Tourangeau, R., Conrad, F. G., & Couper, M. P.(2013). *The science of web surveys.* Oxford University Press.

# 01

# 웹서베이에 대한 소개

사람들은 '온라인서베이'와 '웹서베이'를 같은 것으로 착각한다. 그러나 이 둘을 구분하는 순간, 당신이 얻는 데이터의 차원이 달라진다. 웹브라우저를 통해 데이터를 수집한다는 것의 진짜 의미와 그 안에 숨겨진 기술적 잠재력을 파헤쳐 본다.

## 새로운 소통 방식: 웹서베이의 부상

정보 통신 기술의 폭발적인 진보는 사회 전반에 걸쳐 급격한 변화의 물결을 일으켰으며, 이는 우리가 정보를 수집하고 소통하는 방식에도 근본적인 혁신을 불러왔다. 과거, 조사원이 직접 발로 뛰며 응답자를 만나던 대면 인터뷰, 낯선 번호로 전화를 걸어 양해를 구하던 전화 통화, 우편함에 꽂힌 설문지를 기다리던 우편 설문 등 전통적인 조사 방식은 이제 인터넷을 기반으로 하는 웹서베이라는 새로운 형태로 빠르게 진화했다. 웹서베이는 응답자가 인터넷에 연결된 컴퓨터, 스마트폰, 태블릿 등 자신의 손에 익은 기기를 통해 언제 어디서든 설문에 참여할 수 있도록 하여, 지리적 · 시간적 제약을 극적으로 완화했다. 이러한 압도적인 접근성의 향상은 과거에는 상상할 수 없었던 광범위한 응답자로부터 신속하고 효율적으로 데이터를 수집할 새로운 가능성의 문을 열었다. 이는 웹서베이가 빠르게 변화하는 현대 사회에서 여론의 흐름을 읽고, 소비자의 숨은 선호를 분석하며, 다양한 사회 현상을 심층적으로 이해하는 데 없어서는 안 될 필수적인 방법론으로 자리 잡게 했다.

웹서베이의 등장은 단순히 조사 매체가 오프라인에서 온라인으로 전환된 것을 넘어선다. 이는 설문 조사의 설계, 진행, 그리고 결과 분석에 이르는 전 과정에 완전히 새로운 방법론적 고려 사항을 제시하는 패러다임의 전환이다. 웹이라는 독특한 환경의 특성을 깊이 이해하고 이를 설문지 구성에 반영하며, 응답자의 자발적인 참여를 효과적으로 유도하고, 수집되는 데이터의 품질을 엄격하게 관리하는 것이 그 어느 때보다 중요해졌다. 예를 들어, 웹 기반의 설문은 단순한 텍스트를 넘어 이미지, 동영상, 오디오 등 다양한 멀티미디어 요소를 활용할 수 있어, 설문 내용을 더욱 풍부하고 직관적으로 전달하는 것이 가능하다. 또한 응답자의 이전 답변에 따라 다음 질문의 흐름을 실시간으로 다르게 설정하는 논리 분기(skip logic)와 같은 고급 기능을 정교하게 구현해 설문의 효율성을 극대화하는 것도 가능하다. 이러한 기술적 · 방법론적 발전은 웹서베이가 단순한 '온라인 설문'을 넘어, 그 자체로 고유한 특성과 무한한 잠재력을 가진 독립적인 조사 분야임을 명확히 보여 주는 증거다.

## 웹서베이의 정의, 관련 용어 및 유형

웹서베이는 인터넷 웹 브라우저를 통해 설문지를 제공하고 응답자로부터 데이터를 수집하는 조사 방식을 명확하게 지칭하는 용어다. 이 용어는 종종 '인터넷서베이' 또는

'온라인서베이'와 혼용되기도 하지만, 전문가의 시각에서는 엄밀히 구분해야 할 미묘한 차이가 있다. '인터넷서베이'는 인터넷을 활용하는 모든 종류의 조사를 포괄하는 가장 넓은 개념이다. 여기에는 웹서베이뿐만 아니라 이메일 조사, 실시간 채팅 기반 조사, 온라인 커뮤니티나 포럼의 게시글을 분석하는 방법 등 인터넷을 매개로 한 모든 데이터 수집 방법이 포함될 수 있다. 반면, '온라인서베이'는 웹서베이와 거의 동일한 의미로 사용되지만, 때로는 인터넷 연결 없이 오프라인 환경에서 진행되는 컴퓨터 기반 설문(Computer Assisted Personal Interviewing, CAPI)까지 포함하는 경우도 있어 웹서베이보다 조금 더 넓은 범위로 이해될 수 있다. 따라서 가장 정확한 정의는, 웹서베이는 인터넷서베이와 온라인서베이라는 큰 범주 안에 속하는, 웹 브라우저라는 특정 기술을 사용하는 구체적인 설문 조사 방법론이라고 할 수 있다.

웹서베이는 데이터를 수집하는 주체와 방식에 따라 크게 두 가지 유형으로 나눌 수 있다.

첫 번째는 조사자가 응답자에게 적극적으로 다가가는 푸시(Push) 방식 웹서베이다. 이는 조사자가 사전에 정의된 특정 응답자 집단을 대상으로 설문 참여를 직접적으로 요청하는 방식이다. 예를 들어, 고객 데이터베이스에 저장된 이메일 주소로 설문 링크를 발송하거나, 특정 패널 회원에게 문자 메시지로 웹서베이 URL을 보내 응답을 유도하는 경우가 이에 해당한다. 푸시 방식의 가장 큰 장점은 조사자가 표본을 직접 통제하고 관리할 수 있어 응답자의 특성을 명확히 파악할 수 있다는 점이다.

두 번째는 응답자가 스스로 찾아오게 만드는 풀(Pull) 방식 웹서베이 또는 기입 방식 웹서베이다. 이 방식은 설문 링크를 특정 웹사이트, 소셜 미디어 채널, 온라인 커뮤니티 등에 공개적으로 게시해 불특정 다수의 응답자가 자발적으로 설문에 참여하도록 유도하는 형태다. 응답자가 스스로의 의지로 설문에 접근하는 개념이라 할 수 있다.

두 방식은 각각의 명확한 장단점을 가지므로, 조사의 목적, 대상, 예산 등을 종합적으로 고려해 가장 적절한 방식을 선택하는 전략적 판단이 중요하다.

## 웹서베이의 역사적 흐름과 발전 과정

웹서베이의 역사는 1990년대 중반, 월드 와이드 웹(WWW)이라는 개념이 대중에게 막 알려지기 시작한 시점과 궤를 같이한다. 초기의 웹서베이는 주로 학술 연구자들이 동료 연구자나 학생들을 대상으로 이메일을 통해 텍스트 기반의 설문 링크를 공유하거나, 개인 홈페이지나 학과 웹사이트에 간단한 HTML 형식의 설문지를 게시하는 소박한 형태로 시작되었다. 당시에는 설문지의 디자인이나 기능적 측면에서 많은 제약이 있었고, 응답자 역시 인터넷 사용에 능숙한 기술 친화적인 사용자들로 극히 제한되었다.

하지만 2000년대 초반으로 넘어가며 인터넷 사용자가 기하급수적으로 증가하고, 동시에 서베이몽키(Survey-Monkey)와 같은 전문 설문 플랫폼 기술이 발전하면서, 웹서베이는 점차 복잡한 설문 논리와 멀티미디어 요소를 자유자재로 통합할 수 있는 정교한 형태로 진화했다. 이는 기존의 정적인 종이 설문지나 일방적인 전화 조사로는 결코 구현하기 어려웠던 혁신적이고 동적인 설문 경험을 제공하는 전환점이 되었다.

2000년대 중반 이후, 웹서베이는 학술적 도구를 넘어 기업의 성패를 좌우하는 전략적 비즈니스 도구로서의 위상을 강화했다. 다양한 기능과 강력한 분석 도구를 갖춘 전문 유료 플랫폼이 보편화되면서, 수많은 기업이 시장 조사, 고객 만족도 측정, 브랜드 인지도 분석, 직원 의견 수렴 등에 웹서베이를 적극적으로 도입하기 시작했다. 이 시기에는 대규모 응답자 집단인 온라인 패널을 체계적으로 구축하고 관리하는 기술도 함께 발전해, 이전보다 훨씬 더 신뢰할 수 있는 표본을 안정적으로 확보할 수 있게 되었다.

2010년대 이후에는 스마트폰과 태블릿의 폭발적인 확산으로 인해 데스크톱을 넘어 모바일 환경에 완벽하게 최적화된 웹서베이가 대세로 자리 잡았으며, 최근에는 빅데이터 및 인공지능 기술과의 융합을 통해 설문 응답 데이터뿐만 아니라 웹상의 다양한 행동 데이터까지 포괄적으로 분석해 인간의 행동을 예측하려는 시도가 활발히 이루어지고 있다. 이처럼 웹서베이는 기술 환경의 변화에 가장 민감하게 반응하며 지속적으로 진화하고 있으며, 미래 사회의 정보 수집 및 분석 방식에 더욱 핵심적인 역할을 할 것으로 예상된다.

## 참고문헌


Bethlehem, J.(2009). *Understanding public opinion polls.* Wiley.

Callegaro, M., Manfreda, K. L., & Vehovar, V.(2015). *Web survey methodology*(Research methods for social scientists). Sage Publications.

Toepoel, V.(2012). *Doing surveys online.* Sage Publications.

Tourangeau, R., Conrad, F. G., & Couper, M. P.(2013). *The science of web surveys.* Oxford University Press.

02

# 웹서베이의 활용

기업 마케팅, 정부 정책, 희귀병 환자 추적, 해외 오지 시장 분석까지, 웹서베이는 어떻게 세상의 모든 질문에 답하는 가장 강력한 도구가 되었을까? 그 압도적인 활용 사례들은 우리가 아는 조사의 경계를 무너뜨린다.

## 시장 조사와 마케팅

현대 비즈니스 환경에서 웹서베이는 기업의 시장 조사와 마케팅 전략 수립에 없어서는 안 될 핵심적인 도구로 활용된다. 기업은 웹서베이라는 날카로운 무기를 통해 고객의 마음속에 숨겨진 니즈, 시시각각 변하는 선호도, 그리고 복잡한 구매 행동 패턴과 같은 심층적인 정보를 이전과는 비교할 수 없는 효율성으로 수집할 수 있다. 예를 들어, 하나의 신제품을 시장에 내놓기 전, 잠재 고객들을 대상으로 웹서베이를 실시해 디자인, 기능, 가격대에 대한 초기 반응을 예측하고 실패의 위험을 최소화할 수 있다. 또한 이미 출시된 제품이나 서비스에 대해서는 고객 만족도를 주기적으로 측정해 어떤 부분에서 고객이 불편을 느끼고 무엇을 개선해야 할지에 대한 귀중한 개선점을 발굴하는 데 사용된다.

특정 광고 캠페인의 효과를 정밀하게 분석하는 것 역시 웹서베이의 중요한 역할이다. 수많은 비용을 들여 집행한 광고가 실제로 소비자들에게 어떤 인상을 남겼는지, 어떤 메시지가 소비자들의 마음을 움직였는지, 그리고 궁극적으로 구매 의향에 영향을 미쳤는지를 파악해 다음 마케팅 캠페인의 예산을 최적화하고 전략의 방향을 수정할 수 있다. 나아가 웹서베이는 정교한 시장 세분화(market segmentation) 전략을 수립하는 데에도 결정적인 역할을 한다. 다양한 인구 통계학적 특성(연령, 성별, 소득 등)이나 라이프 스타일, 소비 행동 패턴을 기준으로 고객 그룹을 명확히 식별하고, 각 그룹의 특성에 맞는 가장 효과적인 맞춤형 마케팅 전략을 개발할 수 있도록 돕는다. 이렇게 실시간으로 수집되고 분석되는 방대한 응답 데이터는, 하루가 다르게 급변하는 시장 상황에 기업이 민첩하게 대응하고 경쟁사보다 한발 앞서 나가는 경쟁 우위를 확보하는 데 필수적인 통찰을 제공한다. 결국 이는 제품 개발 주기를 단축하고, 고객 충성도를 극대화하며, 궁극적으로 기업의 매출 증대에 직접적으로 기여하는 강력한 선순환 구조를 만들어 낸다.

## 학술 연구

학술 연구 분야에서 웹서베이는 사회과학은 물론 인문학, 자연과학, 의학 등 상상할 수 있는 거의 모든 학문 분야에서 광범위하게 활용되는 핵심 데이터 수집 도구다. 특히 지리적으로 흩어져 있는 대규모 표본을 대상으로 데이터를 수집해야 하는 연구에서 그 효과성은 타의 추종을 불허한다. 연구자들은 웹서베이를 통해 특정 사회 현상에 대한 대중의 인식, 다양한 집단의 태도, 정치적 의견 등을 정량적으로 조사하거나, 사회 현상들 사이의 복잡한 인과 관계를 통계적으로 분석하기 위한 기초 데이터를 수집한다. 예를 들어, 특정 종류의 미디어를 소비하는 행위가 청소년의 사회적 태도 형성에 어떤 영향을 미치는지, 혹은 새로운 교육 정책의 도입이 학생들의 학업 동기에 실질적인 변화를 가져왔는지 등을 연구하는 데 웹서베이는 필수적으로 사용된다.

웹 환경이 가진 독특한 특성을 활용해 특정 인구 통계학적 그룹(예: 특정 연령대의 1인 가구)이나 희소한 특성을 가진 집단(예: 특정 취미 동호회 회원)을 대상으로 설문을 정교하게 배포할 수 있다는 점은 웹서베이의 또 다른 강력한 장점이다. 이는 기존의 오프라인 방법으로는 물리적으로나 비용적으로 접근하기 매우 어려웠던 연구 대상에게까지 연구의 범위를 확장할 수 있게 해 준다. 또한 웹서베이는 인과 관계 추론을 위한 실험 연구나 시간의 흐름에 따른 변화를 추적하는 종단 연구에서도 중요한 역할을 수행한다. 응답자를 무작위로 두 그룹으로 나누어 서로 다른 자극(예: 다른 디자인의 광고 시안)을 보여 주고 그 반응을 즉각적으로 측정하거나, 동일한 응답자 집단을 대상으로 수개월 혹은 수년에 걸쳐 태도나 행동의 변화를 추적하는 연구를 효율적으로 진행할 수 있다. 데이터 수집 과정을 완벽하게 표준화하고 응답자가 직접 입력하는 과정에서 발생하는 오류를 최소화함으로써, 연구 결과의 신뢰성과 타당성을 비약적으로 높이는 데 기여하며, 이는 곧 학술 연구 전체의 범위와 깊이를 확장하는 데 중요한 밑거름이 된다.

## 정부 및 공공 기관

정부와 지방자치단체, 그리고 다양한 공공 기관은 웹서베이를 정책 수립 및 평가, 공공 서비스의 질적 개선, 그리고 시민들의 다양한 의견을 민주적으로 수렴하기 위한 핵심적인 소통 도구로 적극 활용한다. 예를 들어, 민감한 부동산 정책이나 교육 정책을 새롭게 시행하기 전에, 해당 정책에 대한 시민들의 여론을 미리 파악해 사회적 합의를 도출하고 저항을 줄이는 데 활용할 수 있다. 또한 이미 시행 중인 정책에 대해서는 시민들의 만족도 및 체감 효과를 주기적으로 조사해 정책의 미비점을 보완하고 개선 방향을 모색하는 데 웹서베이가 적극적으로 사용된다. 특정 도시의 대중교통 정책 개선을 위한 시민 의견 수렴, 정부가 제공하는 온라인 민원 서비스(예: 정부24)의 이용 경험 및 만족도 평가, 혹은 대규모 재난 발생 시 시민들의 정보 습득 방식과 실제 대처 행동에 대한 조사 등은 웹서베이가 효과적으로 활용되는 대표적인 사례다.

이런 조사를 통해 체계적으로 수집된 데이터는, 정책 입안자들이 개인의 직관이나 소수 엘리트의 의견이 아닌, 다수 시민의 목소리에 기반해 보다 합리적이고 시민 중심적인 결정을 내리는 데 없어서는 안 될 중요한 근거 자료가 된다. 웹서베이는 전통적인 공청회나 간담회 방식에 비해 훨씬 적은 시간과 비용을 들이면서도 훨씬 더 광범위한 시민의 목소리를 경청할 수 있는 가장 효율적인 수단이다. 이는 민주적 의사 결정 과정을 강화하고, 국민의 세금으로 운영되는 공공 서비스의 질을 실질적으로 향상하는 데 크게 기여한다. 또한 사회적으로 갑자기 부상한 특정 현안에 대한 시민의 인식을 신속하게 파악해 정부의 긴급한 의사 결정을 지원하거나, 특정 공공 캠페인의 대국민 인지도 및 효과를 과학적으로 측정하는 데에도 매우 유용하게 쓰인다.

## 의료 및 보건 분야

의료 및 보건 분야는 웹서베이의 활용 가치가 특히 두드러지는 영역 중 하나다. 병원과 의료 기관은 웹서베이를 통해 환자들이 경험한 진료 과정, 입원 생활, 의료진의 친절도 등에 대한 피드백을 수집해 실질적인 서비스의 질을 높인다. 이는 환자 중심의 의료 환경을 구축하고 병원의 경쟁력을 강화하는 데 필요한 핵심 정보를 제공한다. 공공보건 기관의 경우, 특정 질병(예: 암, 당뇨병)에 대한 대중의 인식 수준이나 건강 관련 생활 습관(예: 흡연, 음주, 운동)을 조사해 효과적인 질병 예방 캠페인을 기획하거나, 국가 보건 정책의 장기적인 방향을 설정하는 데 참고 자료로 활용한다.

특히 만성 질환을 앓고 있거나 특정 건강 상태를 가진 환자 그룹을 대상으로 장기적인 추적 조사를 진행할 때 웹서베이는 매우 강력하고 유용한 도구가 된다. 응답자들이 병원을 직접 방문할 필요 없이 자신의 집과 같은 편안한 환경에서 설문에 참여할 수 있어 솔직하고 상세한 답변을 유도하기가 더 쉽고, 질병이나 치료 과정과 같은 민감한 개인 건강 정보에 대해 응답해야 하는 심리적 부담을 크게 줄일 수 있다. 또한 새로운 의약품이나 치료법에 대한 환자들의 실제 복용 경험과 부작용을 지속적으로 모니터링하는 데에도 웹서베이가 활용되어, 신약 개발 및 임상 연구의 효율성과 안전성을 높이는 데 기여한다.

### 교육 분야

교육 분야에서 웹서베이는 학생, 교사, 학부모 등 다양한 교육 공동체의 구성원의 의견을 수렴하고, 교육 프로그램의 실질적인 효과를 객관적으로 평가하는 데 중요한 도구로 널리 사용된다. 각급 학교나 교육 기관은 웹서베이를 통해 학생들의 전반적인 학습 만족도, 특정 교육 과정에 대한 피드백, 그리고 최근 급증한 온라인 수업의 효과성을 다각도로 평가할 수 있다. 예를 들어, 특정 과목에 대한 학생들의 흥미도나 이해도를 정기적으로 조사해 학생들의 눈높이에 맞는 교수법을 개발하고 수업의 질을 개선할 수 있다. 또한 교사들을 대상으로 실시한 직무 연수 프로그램의 만족도를 평가해 다음 연수 내용을 더욱 실질적으로 보완하는 데에도 활용된다.

뿐만 아니라 학부모들의 학교 교육에 대한 참여도나 교육 환경 전반에 대한 인식을 파악해 학교와 가정 간의 소통을 강화하고, 신뢰에 기반한 교육 공동체의 발전을 도모하는 데 웹서베이는 매우 유용한 소통 채널이 된다. 원격 교육이 보편화된 오늘날, 온라인 학습 관리 시스템(Learning Management System, LMS)의 사용 편의성 평가, 디지털 교과서나 학습 자료에 대한 학생들의 실제 반응 조사, 그리고 온라인으로 치러지는 시험의 공정성에 대한 인식 조사 등에서도 웹서베이의 역할은 날이 갈수록 증대되고 있다. 이처럼 웹서베이는 교육 현장의 목소리를 생생하게 담아내 교육의 질을 높이고, 학습자 중심의 교육 환경을 구축하며, 교육 정책의 효과를 객관적으로 평가하는 데 실질적인 도움을 제공하는 필수적인 도구로 자리 잡았다.

### 해외 조사 분야

웹서베이는 전통적인 방식의 해외 조사가 필연적으로 가졌던 막대한 지리적 · 시간적 · 비용적 제약을 한 번에 극복하는 가장 혁신적인 해법을 제시한다. 과거, 해외 여러 국가에서 조사를 수행하기 위해서는 막대한 예산과 수개월에 달하는 오랜 시간이 소요되었던 글로벌 리서치가 웹서베이를 통해 훨씬 더 빠르고, 저렴하며, 용이한 작업이 되었다. 인터넷이라는 단일한 채널을 통해 전 세계 수십 개 국가의 응답자에게 동일한 설문을 동시에 배포하고 실시간으로 데이터를 수집할 수 있게 되면서, 국제적인 규모의 비교 연구가 이전과는 비교할 수 없을 정도로 폭넓게 이루어지고 있다.

글로벌 시장을 공략하는 다국적 기업은 웹서베이를 활용해 새로운 해외 시장 진출 전략을 수립하기 전 현지 소비자의 특성을 파악하거나, 자사 브랜드의 글로벌 인지도를 국가별로 측정하고, 각 국가 소비자들의 문화적 차이와 선호도를 정밀하게 비교 분석한다. 이를 통해 각 국가의 문화와 특성에 맞는 제품 및 서비스 현지화(localization) 전략을 정교하게 다듬고, 전 세계 시장을 대상으로 일관성 있는 글로벌 마케팅 캠페인을 효과적으로 전개할 수 있다. 특히 대부분의 전문 웹서베이 플랫폼이 제공하는 다국어 지원 기능은 각기 다른 언어와 문화권의 응답자들에게 동일한 맥락의 질문을 정확하게 전달해, 수집된 데이터의 비교 가능성과 신뢰성을 크게 높여 준다. 이처럼 웹서베이는 오늘날의 기업과 연구 기관이 데이터에 기반한 정교한 글로벌 전략을 수립하고 국제적인 통찰력을 확보하는 데 없어서는 안 될 필수적인 도구로 확고하게 기능하고 있다.

## 참고문헌


Bethlehem, J.(2009). *Understanding public opinion polls*. Wiley.

Callegaro, M., Manfreda, K. L., & Vehovar, V.(2015). *Web survey methodology*(Research methods for social scientists). Sage Publications.

Fielding, N. G., Lee, R. M., & Blank, G.(Eds.)(2017). *The SAGE Handbook of online research methods*. Sage Publications.

Salganik, M. J.(2017). *Bit by bit: Social research in the digital age*. Princeton University Press.

Toepoel, V.(2012). *Doing surveys online*. Sage Publications.

03

# 웹서베이의 절차

성공적인 웹서베이는 멋진 질문 하나로 완성되지 않는다. 웹서베이는 조사의 목표를 벼리는 기획 단계부터 보이지 않는 오류를 잡는 프로그래밍, 그리고 숫자에 의미를 불어넣는 보고서에 이르기까지, 모든 톱니바퀴가 완벽하게 맞물려 돌아가는 하나의 시스템이다.

## 웹서베이 기획: 목표 설정과 설계

모든 성공적인 웹서베이의 성패를 좌우하는 첫 단추는 바로 명확하고 구체적인 '기획'이다. 기획 단계는 조사가 궁극적으로 무엇을, 왜 알아내고자 하는지, 즉 조사의 목표를 명확하게 설정하는 것에서부터 시작한다. '우리 회사 신제품에 대한 시장 반응이 궁금하다'와 같은 모호한 목표가 아니라, '신제품 A에 대한 20대 여성의 구매 의향과 그 영향 요인(가격, 디자인, 기능) 분석' 또는 '새로운 재택근무 정책에 대한 정규직 직원들의 만족도 및 개선 의견 수렴'처럼, 목표는 구체적이고(Specific), 측정이 가능하며(Measurable), 달성할 수 있고(Achievable), 현실적이며(Relevant), 시간제한이 있는(Time-bound) SMART 원칙에 따라 날카롭게 설정하는 것이 바람직하다. 조사의 목표가 이처럼 명확하게 정의되지 않으면, 이후 설문 문항의 초점이 흐려지고 분석의 방향성을 잃게 되어, 결국 막대한 시간과 비용을 투입하고도 실제 의사 결정에는 아무런 도움이 되지 않는 활용 가치 없는 데이터를 얻게 될 위험이 크다.

조사 목표 설정과 함께 반드시 병행해야 하는 중요한 과업은 조사 대상을 구체적으로 정의하는 것이다. 누구로부터 정보를 얻을 것인지, 그들의 인구 통계학적 특성(성별, 연령, 거주 지역, 소득 수준 등)은 물론, 라이프 스타일, 특정 제품의 사용 경험 유무, 특정 서비스에 대한 인식 등 조사 목표와 직결되는 특성들을 명확하게 명시해야 한다. 예를 들어, 단순히 '노트북 사용자'가 아니라, '최근 6개월 내에 경쟁사 B의 100만 원 이상 노트북을 구매한 경험이 있는 20~30대 프리랜서 디자이너'와 같이 대상을 정교하게 좁힐수록, 조사의 초점은 더욱 명확해지고 조사의 효율성은 극대화된다. 필요하다면 본 설문을 시작하기 전에 몇 개의 선별 질문(screening question)을 배치해, 우리가 정의한 조건에 정확히 맞는 응답자만을 설문에 참여하도록 걸러내는 전략적 장치를 마련하는 것도 필수적이다.

이런 명확한 목표와 구체적인 대상 정의는 조사의 전체적인 프레임워크를 결정하는 뼈대가 된다. 이는 곧바로 이어지는 설문지 설계의 방향과 표본 추출 방식, 그리고 조사의 신뢰도를 담보할 목표 응답자 수(표본 크기)를 결정하는 가장 중요한 기준으로 작용한다. 또한 모든 프로젝트에는 현실적인 제약 조건이 따르기 마련이므로, 주어진 예산과 시간이라는 한계 내에서 가장 현실적인 조사 계획을 수립해야 한다. 웹서베이는 전통적인 방식에 비해 비용 효율적이고 신속한 조사가 가능한 것은 사실이지만, 전문 설문 플랫폼 이용료, 온라인 패널을 활용할 경우의 응답자 인센티브, 수집된 데이터를 분석할 전문 인력 비용 등 다양한 투입 자원이 필요하다는 점을 간과해서는 안 된다. 주어진 예산과 시간의 제약 속에서 최대한의 효과를 얻기 위한 전략적 접근이 요구된다. 조사 목표를 달성하기 위해 어떤 정보가 반드시 필요한지 우선순위를 정하고, 그 정보를 어떤 데이터를 통해 객관적으로 검증할 수 있을지 면밀히 검토해, 조사의 전체적인 청사진을 그리는 것이 바로 기획 단계의 핵심적인 과업이다.

## 설문지 설계 및 시스템 구축

탄탄한 기획 단계에서 정의된 목표와 대상을 바탕으로, 이제 추상적인 조사 내용을 구체적인 질문으로 만들어 내는 '설문지 설계' 단계로 넘어간다. 이 단계의 핵심은 조사 목표를 성공적으로 달성할 수 있는 양질의 설문 문항을 개발하고, 동시에 응답자가 쉽고 정확하게 답할 수 있는 최적의 형식을 결정하는 것이다. 웹서베이는 객관식, 주관식, 척도형, 순위형 등 매우 다양한 질문 유형을 자유롭게 활용할 수 있으며, 이미지나 동영상 같은 멀티미디어 자료를 질문에 포함해 응답자의 이해를 돕고 설문 참여도를 극대화할 수 있는 장점을 지닌다.

각 문항은 조사 목표에 정확히 부합하도록 명확하고 간

결한 언어로 작성되어야 하며, 응답자에게 특정 답변을 암시하거나 강요하는 듯한 유도성 질문이나, '가격과 디자인에 모두 만족하십니까?'처럼 두 가지 이상의 내용을 한 번에 묻는 이중 질문(double-barreled question)은 데이터의 신뢰도를 떨어뜨리는 주범이므로 반드시 피해야 한다. 또한 응답자가 심리적 불편함을 느끼지 않도록 질문의 순서를 논리적으로 배열하는 세심함이 필요하다. 예를 들어, 민감한 개인 정보 질문은 설문 마지막에 배치하는 것이 일반적이다. 너무 많은 질문으로 응답자의 피로도를 높여 불성실한 응답을 유발하지 않도록 적절한 설문 분량을 유지하는 것 역시 데이터 품질 관리의 중요한 요소다.

설계된 설문지를 웹서베이 시스템에 구현하는 프로그래밍 단계에서, 조사자는 중요한 선택의 기로에 놓인다.

첫째는 구글 폼(Google Forms), 네이버 폼(Naver Forms)이나 서베이몽키(SurveyMonkey) 같은 상용 솔루션을 활용해 조사자가 직접 설문을 구축하는 셀프 서비스(Self-service) 방식이다. 이 방식은 비용이 저렴하거나 무료이며, 조사자가 원하는 대로 즉시 수정이 가능하고 신속하게 조사를 진행할 수 있다는 강력한 장점이 있다. 하지만 복잡한 설문 로직이나 전문적인 디자인을 적용하는 데 한계가 있을 수 있고, 기술적 문제가 발생했을 때 직접 해

결해야 하는 부담이 따른다. 따라서 소규모 내부 조사나 예산이 극히 제한적인 프로젝트에 적합하다.

둘째는 전문 리서치 회사나 데이터 기업에 시스템 구축 전체를 의뢰하는 방식이다. 이 경우 복잡한 설문 로직과 응답자 맞춤형 디자인 구현이 자유롭고, 기술적 안정성과 데이터 보안이 전문가 수준으로 보장된다는 장점이 있다. 업체의 전문성을 바탕으로 데이터 품질을 높일 수 있다는 점 역시 큰 매력이다. 반면 비용이 상대적으로 높고, 의뢰자와 업체 간의 원활하고 긴밀한 소통이 성공의 전제 조건이 된다. 대규모 시장 조사나 중요한 학술 연구, 높은 신뢰도가 요구되는 공공 프로젝트에 적합한 방식이라 할 수 있다.

어떤 방식을 택하든, 이 과정에서는 설계된 설문 문항을 온라인 설문 플랫폼에 정확히 입력하고, 응답자의 답변에 따라 다음 질문의 흐름이 자동으로 달라지는 논리 분기(skip logic)를 정교하게 설정하는 작업이 이루어진다. 예를 들어, '흡연 여부'에 '예'라고 답한 응답자에게만 흡연량 관련 질문을 보여 주고, '아니요'라고 답한 응답자에게는 해당 질문들을 건너뛰게 만들어 응답의 효율성을 높일 수 있다. 또한 특정 질문이나 응답 보기의 순서를 응답자마다 무작위로 배열해 순서 효과로 인한 편향을 줄이는 회전

(rotation) 기능도 구현할 수 있다. 이렇게 시스템 구축이 완료되면, 실제 조사를 시작하기 전에 반드시 내부 인원이나 소수의 샘플을 대상으로 사전 조사(pilot test)를 실시해, 설문의 논리적 흐름에 문제는 없는지, 예상 응답 시간은 적절한지, 모든 기능이 다양한 기기(PC, 스마트폰, 태블릿)와 웹 브라우저 환경에서 정상적으로 작동하는지 등을 꼼꼼히 확인하고 검증하는 과정이 필수적이다.

## 데이터 수집 및 분석, 보고서 작성

완벽한 설문지 설계와 시스템 구축이 완료되면, 마침내 기획 단계에서 정의된 조사 대상으로부터 실제 데이터를 수집하는 단계로 진입한다. 이 단계에서는 사전에 설계된 표본 추출 방식에 따라 응답자를 모집하고 그들에게 설문 링크를 배포하는 작업이 이루어진다. 푸시(Push) 방식의 경우 이메일이나 문자 메시지를 통해 특정 대상에게 설문 링크를 발송하고, 풀(Pull) 방식의 경우 웹사이트 배너나 소셜 미디어 채널에 설문 링크를 공개적으로 게시해 참여를 유도할 수 있다.

데이터 수집 기간에는 실시간으로 응답 현황을 면밀히 모니터링해야 한다. 특정 연령대나 성별의 응답률이 예상보다 저조할 경우, 해당 그룹을 대상으로 인센티브를 상향

조정하거나 추가적인 참여 독려 메시지를 보내는 등, 목표 표본 구성을 맞추기 위한 적극적인 관리가 필요하다. 이와 동시에, 수집되는 데이터의 품질을 확보하기 위한 노력도 병행해야 한다. 모든 문항에 동일한 점수로 답하는 일직선 응답, 평균보다 과도하게 짧은 시간에 응답을 마치는 경우, 논리적으로 모순되는 답변 등 무성의하거나 일관성 없는 데이터를 식별하고 최종 분석에서 제외하는 품질 관리(Data Quality Control) 과정은 조사의 신뢰도를 위해 매우 중요하다.

목표했던 데이터 수집이 완료되면, 수집된 원시 데이터(raw data)를 SPSS, R, 파이썬(Python)과 같은 통계 프로그램이나 전문 분석 도구를 활용해 분석하는 단계로 넘어간다. 이 과정에서는 먼저 데이터의 오류를 확인하고 수정하는 데이터 정제(data cleaning), '매우 만족'과 같은 텍스트 응답을 '5점'과 같은 숫자로 변환하는 코딩(coding) 작업이 선행된다. 이후 빈도 분석, 교차 분석, 회귀 분석 등 조사의 목적에 맞는 적절한 통계 분석 기법을 적용해 데이터를 탐색하고 해석한다. 분석 결과는 단순히 숫자를 나열하는 데 그쳐서는 안 되며, '왜 이런 결과가 나왔는가?'에 대한 깊이 있는 해석을 통해 조사 목표에 부합하는 의미 있는 통찰(insight)을 도출하는 방향으로 진행되어야 한다.

최종적으로는 분석된 내용을 바탕으로 명확하고 논리적인 보고서를 작성한다. 좋은 보고서는 조사를 의뢰한 의사 결정자가 쉽게 이해할 수 있도록 조사의 배경과 목표, 핵심적인 방법론, 주요 결과, 그리고 결론 및 전략적 시사점 등을 체계적으로 담아내도록 작성되어야 한다. 특히 바쁜 의사 결정자를 위해 핵심 내용을 한 페이지로 요약한 핵심 요약(Executive Summary)을 포함하고, 복잡한 데이터를 한눈에 파악할 수 있도록 표, 그래프 등 시각적 자료를 효과적으로 활용하는 것이 매우 중요하다. 잘 작성된 보고서는 조사의 가치를 증명하는 최종 결과물이며, 데이터를 기반으로 한 합리적인 판단과 성공적인 후속 전략 수립에 결정적인 기반이 된다.

## 참고문헌

Callegaro, M., Manfreda, K. L., & Vehovar, V.(2015). *Web survey methodology*(Research methods for social scientists). Sage Publications.

Toepoel, V.(2012). *Doing surveys online*. Sage Publications.

Tourangeau, R., Conrad, F. G., & Couper, M. P.(2013). *The science of web surveys*. Oxford University Press.

Young, C. & Ziemer, K.(2020). *Polls, pollsters, and public opinion: A guide for decision-Makers*(Methodological tools in the social sciences). Palgrave Macmillan.

# 04

# 웹서베이 방법론: 설문지 작성

좋은 질문은 상식으로 만들지만, 잘 짜인 설문지는 과학으로 설계한다. 특히 손안의 작은 화면에서 응답자의 찰나의 순간을 붙잡아야 할 때, 문항 하나, 보기 배열 하나가 데이터의 운명을 가른다. 모바일 시대, 응답 오류를 막는 설문지 설계의 모든 것을 공개한다.

## 모바일 환경에 최적화된 설문 문항 설계

웹서베이의 성공은 다른 어떤 요인보다도 설문 문항의 품질에 의해 크게 좌우된다고 해도 과언이 아니다. 특히 최근 스마트폰 사용이 PC 사용을 압도하며 스마트폰이 웹서베이의 주요 응답 경로로 자리 잡으면서, 모바일이라는 작은 화면 환경에 완벽하게 최적화된 문항 설계는 응답자의 이해도를 높이고 정확한 데이터를 확보하는 데 가장 필수적인 전제 조건이 되었다.

설문 문항은 첫째, 무엇보다 명확하고 간결하게 작성되어야 한다. 스마트폰의 작은 화면은 컴퓨터 모니터에 비해 물리적으로 표시할 수 있는 정보의 양이 극히 제한적이다. 따라서 불필요하게 긴 문장이나 수식어가 많은 복잡한 구조의 질문은 응답자의 가독성을 심각하게 떨어뜨리고, 인지적 피로도를 급격히 높여 설문 자체를 포기하게 만드는 주된 원인이 될 수 있다. 질문은 불필요한 군더더기를 모두 제거하고, 반드시 한 번에 하나의 개념만을 묻도록 명료하고 간결하게 작성해야 한다. 질문의 의도가 모호하거나, '이 제품의 가격과 디자인에 만족하십니까?' 처럼 두 가지 이상의 질문을 한 문항에 교묘하게 담는 이중 질문(double-barreled question)은 응답자를 혼란에 빠뜨리고 데이터의 신뢰성을 훼손하므로 반드시 피해야 한다.

둘째, 모바일 환경에서의 시각적 요소 활용은 매우 신중하게 고려되어야 한다. 웹서베이는 텍스트뿐만 아니라 이미지, 동영상, 오디오 등 다양한 멀티미디어를 활용해 응답자의 이해를 도울 수 있다는 강력한 장점을 가지고 있다. 이를 통해 복잡한 개념을 시각적으로 쉽게 설명하거나, 광고 시안처럼 직접 보여 주고 반응을 물어야 하는 질문을 효과적으로 구성할 수 있다. 그러나 이런 장점은 양날의 검이 될 수 있다. 모바일 사용자의 데이터 환경이나 작은 화면 크기를 고려해 이미지나 동영상의 파일 용량을 반드시 최적화해야 하며, 응답자의 집중을 방해할 정도로 불필요하게 많은 멀티미디어를 사용하는 것은 지양해야 한다. 과도한 시각적 요소는 페이지 로딩 시간을 늘려 응답자의 이탈을 유발하거나, 정작 중요한 질문의 내용보다 시각 자료에만 집중하게 만드는 부작용을 낳을 수 있다.

마지막으로, 손가락으로 화면을 터치하는 응답 방식을 철저히 고려해야 한다. 작은 화면에서 여러 개의 응답 보기를 촘촘하게 배열하거나 글씨 크기를 너무 작게 설정하면, 응답자가 의도와 다른 보기를 잘못 누르는 '팻 핑거(fat-finger)' 오류를 유발할 수 있다. 따라서 응답 버튼의 크기를 충분히 확보하고, 불필요한 화면 스크롤을 최소화하며, 누구나 쉽게 이해하고 조작할 수 있는 직관적인 인터페이스를 제공하는 것이 데이터의 정확성을 지키는 데 매우 중요하다.

## 질문 유형별 이해와 효과적인 활용

웹서베이에서 활용되는 질문 유형은 크게 개방형, 폐쇄형, 그리고 척도형으로 나눌 수 있으며, 각 유형의 고유한 특성과 목적을 정확히 이해하고 효과적으로 사용하는 전략이 필요하다. 특히 응답 환경이 제한적인 모바일에서는 각 유형의 장단점을 더욱 면밀히 고려해 최적의 형태를 선택해야 한다.

개방형 질문은 응답자가 미리 정해진 보기 없이 자유롭게 자신의 생각이나 의견을 텍스트로 서술하도록 하는 질문 방식이다. 예를 들어, '이 제품의 가장 개선되어야 할 점은 무엇이라고 생각하십니까?'와 같은 질문이 이에 해당한다. 이 유형은 우리가 미처 예상하지 못했던 창의적인 아이디어나 응답자의 심층적인 의견을 얻는 데 매우 유용하다는 장점이 있다. 하지만 모바일 기기의 작은 가상 키보드를 사용해 긴 텍스트를 입력하는 것은 응답자에게 상당한 부담을 주어 응답률이 현저히 낮아지거나, 답변의 내용이 매우 간략해지는 경향이 있다. 따라서 개방형 질문은 꼭 필요한 경우에만 최소한으로 사용하고, 모바일 키보드로도 쉽게 입력할 수 있도록 질문을 구체적으로 설계하는 지혜가 필요하다.

폐쇄형 질문은 '예/아니요', '남성/여성'처럼 미리 정해진 선택지 중에서 응답자가 하나 또는 여러 개를 선택하도록 하는 가장 일반적인 질문이다. 이 유형은 응답 데이터를 즉시 수치화하고 통계적으로 분석하기 용이하며, 모바일 환경에서도 터치 한 번으로 쉽게 응답할 수 있어 응답률이 높다는 명확한 장점이 있다. 하지만 미리 정의된 선택지 외의 다른 다양한 응답을 수집하기 어렵다는 본질적인 한계가 존재한다. 이러한 한계를 보완하기 위해, 선택지 마지막에 '기타(직접 입력)' 옵션을 추가해 소수의 다른 의견을 수집할 수 있는 통로를 열어 두는 것이 좋은 전략이 될 수 있다.

척도형 질문은 응답자가 특정 문항에 대해 '매우 만족'에서 '매우 불만족'까지와 같이, 연속적인 값이나 순서가 있는 척도 위에서 자신의 의견이나 태도의 강도를 표시하도록 하는 질문이다. 리커트 척도(Likert scale)나 의미분화 척도(Semantic Differential Scale)가 대표적이다. 이 유형은 사람들의 추상적인 태도나 인식을 정량적으로 측정하고 집단 간의 차이를 비교 분석하는 데 매우 효과적이다. 하지만 5점이나 7점 리커트 척도처럼 응답 보기가 많을 경우, 이를 모바일의 좁은 화면에 가로로 배열하면 필연적으로 좌우 스크롤이 발생하게 된다. 이는 응답자가 전체 보기를 한눈에 파악하기 어렵게 만들고, 화면에 먼저 보이는 보기를 선택하게 하는 편향을 유발하며, 터치 오류의 위험을 높인다. 따라서 이런 경우에는 여러 개의 선택지를 가로가 아닌 세로로 길게 나열해 표시하는 것이 응답자의 가독성을 높이고 터치 편의성을 향상하는 데 훨씬 유리하다. 또한 각 보기를 단순한 라디오 버튼이 아닌, 큼직하고 누르기 쉬운 버튼식으로 구성하는 것이 응답자의 직관적인 응답을 유도하는 데 효과적이다.

## 모바일 친화적 설문지 구성과 응답 오류 최소화

개별 문항의 품질만큼이나 중요한 것은 설문지 전체의 구성과 흐름이다. 이는 응답 오류를 최소화하고 데이터의 신뢰성을 확보하는 데 결정적인 역할을 하며, 인내심이 부족한 모바일 환경에서는 그 중요성이 더욱 커진다.

설문지는 첫째, 논리적인 질문 순서의 배열이 매우 중요하다. 잘 구성된 설문지는 일반적으로 도입부, 핵심 질문, 인구 통계학적 질문, 그리고 마무리 질문의 순서로 자연스럽게 흘러간다. 도입부에서는 설문의 목적과 대략적인 소요 시간을 명확히 안내해 응답 동기를 부여해야 한다. 이때 예상 소요 시간을 실제보다 조금 짧게 제시해 모바일 환경에서 응답자의 심리적 이탈 장벽을 낮추는 것이 좋다. 핵심 질문들은 조사의 주된 목적을 달성하기 위한 질문들로, 쉽고 일반적인 질문에서 시작해 점차 어렵고 구체적인 질문으로 흐름을 잡는 것이 응답자의 부담을 줄여준다. 소득이나 개인 신념과 같은 민감하거나 사적인 질문은 응답자가 충분히 설문에 익숙해진 후반부에 배치해 심리적 거부감을 줄여야 한다.

둘째, 논리 분기(skip logic) 및 회전(rotation) 기능의 효율적인 활용을 통해 불필요한 질문을 제거하고 응답자의 피로도를 적극적으로 줄여야 한다. 모바일 환경에서는 작은 화면으로 인해 설문이 실제보다 훨씬 길어 보일수록 중도 이탈 가능성이 기하급수적으로 높아진다. 따라서 응답자에게 해당하지 않는 질문은 자동적으로 건너뛰게 만들어 주는 논리 분기 기능은 이제 선택이 아닌 필수다. 또한 질문이나 응답 선택지의 순서를 응답자마다 무작위로 배열하는 회전 기능을 통해, 항상 첫 번째 보기를 선택하는 편향이나 순서 효과로 인한 데이터 왜곡을 효과적으로 방지할 수 있다.

마지막으로, 기술적 오류를 방지하고 사용자 친화적인 디자인을 구현하는 것이 필수적이다. 설문지 프로그래밍이 완료된 후에는, 반드시 다양한 종류의 기기(PC, 아이폰, 안드로이드폰, 태블릿)와 웹 브라우저(크롬, 사파리 등)에서 여러 번의 테스트를 거쳐 오류가 없는지 철저히 확인해야 한다. 어떤 기기에서 접속하든 화면이 깨지거나 버튼이 눌리지 않는 문제가 없도록, 반응형 웹 디자인을 적용해 최적화된 화면을 제공하는 것이 매우 중요하다. 또한 현재 설문의 어느 정도까지 응답했는지 보여 주는 진행률 표시 막대(progress bar)나, '다음' 버튼의 명확하고 일관된 위치 등 직관적인 사용자 인터페이스는 응답자가 길을 잃지 않고 설문에 쉽게 집중해 끝까지 참여하도록 돕는 중요한 안전장치다.

## 참고문헌

Callegaro, M., Manfreda, K. L., & Vehovar, V.(2015). *Web survey methodology*(Research methods for social scientists). Sage Publications.

Toepoel, V.(2012). *Doing surveys online*. Sage Publications.

Tourangeau, R., Conrad, F. G., & Couper, M. P.(2013). *The science of web surveys*. Oxford University Press.

# 05

# 웹서베이 방법론: 웹설문 프로그래밍

잘 짜인 설문지는 한 편의 건축 설계도와 같다. 프로그래밍은 그 설계도를 현실 세계에 구현하는 시공 과정이다. 보이지 않는 코드 한 줄, 버튼의 위치 하나가 응답자의 경험을 좌우하고 데이터의 품질을 결정하는 웹설문 프로그래밍의 세계를 탐험한다.

## 웹설문 플랫폼의 이해와 선택 기준

웹설문 프로그래밍은 단순히 완성된 종이 설문지를 디지털 환경으로 옮겨 적는 타이핑 작업 이상을 의미한다. 이는 앞서 설계된 설문지의 모든 논리적 흐름과 시각적 요소, 그리고 기능적 요구 사항을 웹이라는 가상 공간에 완벽하게 구현해, 응답자가 아무런 불편이나 혼란 없이 원활하게 설문에 참여할 수 있도록 만드는 정교한 기술 과정이다. 이 중요한 여정의 첫걸음은 우리 조사의 목적과 특성에 가장 적절한 웹설문 플랫폼을 선택하는 것에서 시작된다. 현재 시장에는 각기 다른 기능과 비용 구조를 가진 수많은 웹설문 솔루션이 존재하며, 올바른 선택이 프로젝트의 효율성과 성패를 가를 수 있다.

가장 쉽게 접할 수 있는 플랫폼은 무료로 제공되는 기본적인 설문 도구들이다. 예를 들어, 구글 폼(Google Forms)이나 네이버 폼(Naver Forms)은 개인이 간단한 설문지를 만들고 데이터를 수집하는 데 매우 유용하며 별도의 비용이 들지 않는다는 큰 장점이 있다. 이들은 사용법이 매우 쉽고 접근성이 뛰어나 간단한 만족도 조사나 소규모 의견 수렴에 적합하지만, 응답자의 답변에 따라 질문의 흐름을 복잡하게 바꾸는 논리 분기(skip logic) 기능이나 심층적인 데이터 분석 기능은 부족할 수 있다는 명확한 한계를 지닌다.

반면 서베이몽키(SurveyMonkey)나 퀄트릭스(Qualtrics)와 같은 유료 전문 솔루션은 훨씬 더 폭넓고 강력한 고급 기능을 제공한다. 복잡하고 다층적인 논리 분기 설정, 조사 기관의 브랜딩을 반영한 맞춤형 디자인, 수집된 데이터의 실시간 분석 및 시각화, 그리고 대규모 온라인 패널을 연동하고 관리하는 기능 등을 통해 전문적인 조사를 완벽하게 지원한다. 또한 이들 플랫폼은 높은 수준의 데이터 보안과 신속한 기술 지원을 보장해, 조사의 신뢰도와 안정성을 중요하게 여기는 기업이나 연구 기관에 적합하다.

따라서 플랫폼을 선택할 때 가장 중요한 기준은 우리 조사의 목적과 규모다. 단순한 내부 직원 만족도 조사는 무료 플랫폼으로도 충분할 수 있지만, 수천 명을 대상으로 하는 복잡한 학술 연구나 대규모 시장 조사는 고급 기능과 기술적 안정성이 보장되는 전문 솔루션을 선택하는 것이 현명하다. 또한 조사 담당자가 설문지를 얼마나 쉽게 디자인하고 관리할 수 있는지, 즉 사용자 편의성도 중요한 고려 사항이다. 직관적이지 않은 인터페이스는 작업 효율을 떨어뜨리고 실수를 유발할 수 있기 때문이다. 응답자의 민감한 정보가 외부로 유출되지 않고 안전하게 수집 및 관리되는지, 데이터 보안 및 개인 정보 보호 기능도 면밀히 검토해야 하는 필수 항목이다. 마지막으로, 조사 진행 중 문제가 발생했을 때 신속하게 도움을 받을 수 있는지(기술 지원), 그리고 향후 더 복잡하거나 대규모의 조사를 진행할 때 현재의 플랫폼이 유연하게 확장될 수 있는지(확장성)도 장기적인 관점에서 중요한 선택 기준이 된다.

## 사용자 친화적인 웹 설문 디자인 구현

웹설문지의 시각적 디자인과 레이아웃은 단순히 보기 좋은 수준을 넘어, 응답자의 참여도와 응답 데이터의 품질에 직접적인 영향을 미치는 핵심 요소이며, 이는 프로그래밍 단계에서 효과적으로 구현되어야 한다. 사용자 친화적인 디자인은 응답자가 설문에 쉽게 몰입하고, 중도에 포기하지 않고 끝까지 완료하도록 돕는 중요한 역할을 한다.

웹설문지는 첫째, 일관성 있는 디자인 요소를 프로그래밍적으로 적용해 조사의 전문성과 신뢰도를 높여야 한다. 설문지 전체에 걸쳐 동일한 글꼴, 색상 팔레트, 그리고 기업이나 기관의 로고 배치를 CSS(Cascading Style Sheets, 종속형 스타일 시트) 등을 통해 일관되게 적용하면, 응답자는 시각적 안정감을 느끼고 설문에 더욱 집중할 수 있다. 또한 간결하고 명확한 레이아웃을 웹 페이지의 구조로 구현하는 것이 매우 중요하다. 한 화면에 너무 많은 질문이나 텍스트를 한꺼번에 보여 주지 않도록 페이지를 적절히 분할하고, 질문과 답변 옵션을 시각적으로 명확하게 구분하는 HTML 구조를 통해 가독성을 극대화해야 한다.

둘째, 반응형 웹 디자인(Responsive Web Design)을 적용해 다양한 기기 환경에서 최적화된 화면을 제공하도록 프로그래밍하는 것은 이제 선택이 아닌 필수다. 최근 스마트폰 사용자가 웹서베이 응답자의 압도적 다수를 차지하는 만큼, 모바일 기기에서도 설문지가 깨지거나 스크롤이 불편하지 않도록 유동적인 레이아웃(fluid layout)과 미디어 쿼리(media query) 등을 활용해 디자인하는 것이 절대적으로 중요하다. 특히 작은 스마트폰 화면에서도 좌우 스크롤 없이 주요 내용이 한눈에 들어오도록 설계하고, 손가락으로 누르기 쉽도록 버튼의 크기를 충분히 확보하는 CSS 스타일을 세심하게 적용해야 한다.

마지막으로, 응답자의 편의를 돕는 기능적 요소를 정확히 구현해야 한다. 예를 들어, '다음' 또는 '제출' 버튼의 위치를 모든 페이지에서 일관되고 명확하게 배치해 응답자가 혼란 없이 다음 단계로 넘어갈 수 있도록 기능적으로 구현해야 한다. 이런 사용자 친화적 디자인 구현 노력들은 응답자에게 긍정적인 조사 경험을 제공함으로써, 결과적으로 설문 완료율을 높이고 더 높은 품질의 데이터를 얻는 데 결정적으로 기여한다.

## 복잡한 기능 구현과 오류 없는 프로그래밍

웹설문 프로그래밍은 단순한 설문지 입력 작업을 넘어, 복잡한 논리적 흐름을 구현하고 데이터의 정확성을 기술적으로 보장하는 고도의 과정이다.

첫째, 논리 분기의 정확한 구현이 매우 중요하다. 응답자의 특정 답변에 따라 다음에 제시될 질문이 자동으로 달라지도록 설정하는 논리 분기 기능은, 응답자에게 불필요한 질문을 제거해 응답 시간을 단축하고 피로도를 획기적으로 줄여 준다. 예를 들어, 'A 제품을 사용해 본 경험이 있습니까?'라는 질문에 '아니요'라고 답한 응답자에게 A 제품의 만족도에 대한 질문을 보여 주는 것은 무의미할 뿐만 아니라 응답자를 지치게 만든다. 이런 논리적 흐름이 단 하나의 오류도 없이 모든 경우의 수에 대해 완벽하게 작동하는지 철저히 검증해야 한다.

둘째, 질문 및 응답 순서 회전(rotation) 기능을 구현하여 순서 효과로 인한 데이터 편향을 사전에 방지해야 한다. 여러 개의 질문이나 응답 선택지가 항상 같은 순서로 제시되면, 응답자가 무의식적으로 특정 보기(주로 첫 번째나 마지막)를 더 선호하거나, 질문의 순서 자체가 후속 질문의 응답에 영향을 미치는 경향이 생길 수 있다. 이를 방지하기 위해, 응답자마다 질문이나 보기의 순서가 무작위로 배열되도록 프로그래밍함으로써 이런 편향의 위험을 최소화할 수 있다.

셋째, 데이터 유효성 검증(validation) 기능을 적용해 응답 오류를 원천적으로 최소화해야 한다. 예를 들어, 나이를 묻는 질문에는 숫자만 입력되도록 제한하고, 이메일 주소를 묻는 질문에는 '@' 기호가 포함된 올바른 형식의 주소가 입력되지 않으면 오류 메시지를 표시하는 기능 등을 설정할 수 있다. 이는 수집 단계에서부터 잘못된 데이터가 입력되는 것을 방지해, 나중에 데이터를 정제하는 데 필요한 시간과 노력을 크게 줄여 준다.

마지막으로, 설문지 프로그래밍이 모두 완료되면 실제 조사를 시작하기 전에 반드시 다양한 기기 및 웹 브라우저 환경에서 철저하고 반복적인 테스트를 거쳐야 한다. 여러 종류의 운영 체제[윈도우, 맥오에스(macOS), 아이오에스(iOS), 안드로이드], 다양한 화면 해상도, 그리고 각기 다른 인터넷 속도 조건에서 설문지가 정상적으로 작동하고 논리적 오류가 없는지 꼼꼼히 확인하는 과정은, 모든 응답자에게 안정적인 설문 환경을 제공하고 최종 데이터의 품질을 확보하는 데 필수적인 마지막 관문이다.

### 참고문헌

Callegaro, M., Manfreda, K. L., & Vehovar, V.(2015). *Web survey methodology*(Research methods for social scientists). Sage Publications.

Toepoel, V.(2012). *Doing surveys online.* Sage Publications.

Tourangeau, R., Conrad, F. G., & Couper, M. P.(2013). *The science of web surveys.* Oxford University Press.

Young, C. & Ziemer, K.(2020). *Polls, pollsters, and public opinion: A guide for decision-Makers*(Methodological tools in the social sciences). Palgrave Macmillan.

06

# 웹서베이 방법론: 패널

웹서베이의 응답자는 어디에서 오는가? 많은 사람이 온라인 패널을 그저 응답자가 모인 거대한 저수지라고 생각하지만, 실상은 다르다. 패널은 신뢰도 높은 데이터를 얻기 위한 가장 효율적인 시스템이자, 동시에 온갖 편향과 오류가 태동하는 가장 위험한 저수지이기도 하다.

## 온라인 패널의 정의와 유형

온라인 패널은 웹서베이에서 데이터를 수집할 목적으로, 사전에 체계적으로 모집되어 있는 대규모 응답자 집단을 의미한다. 이들은 특정 기준에 따라 패널 가입에 동의하고 등록한 사람들이며, 자신의 성별, 연령, 직업과 같은 기본적인 인구 통계학적 정보뿐만 아니라 관심사, 취미, 소득 수준, 특정 제품 구매 행태 등의 상세한 프로필 정보를 자발적으로 제공한다. 이렇게 구축된 프로필 데이터베이스를 통해 조사자는 자신이 원하는 특정 조건(예: '최근 1년 내에 해외여행 경험이 있는 30대 여성')에 맞는 응답자만을 정확하게 선별해 설문 링크를 발송하고 신속하게 데이터를 수집할 수 있다. 온라인 패널이 가진 가장 큰 장점은, 이처럼 조사의 목적에 맞는 응답자 표본을 매우 신속하게, 그리고 대규모로 확보할 수 있다는 압도적인 효율성에 있다.

온라인 패널은 그 구성원을 모집하는 방식에 따라 크게 두 가지 유형으로 나눌 수 있다. 첫 번째는 학술적으로 가장 이상적인 형태로 알려진 확률 기반 온라인 패널(Probability-based Online Panels)이다. 이는 무작위 표집(random sampling) 원칙을 통해 모집된 응답자들로 구성되며, 이론적으로는 조사 대상이 되는 전체 모집단의 대표성을 최대한 확보하려는 목적을 가진다. 예를 들어, 무작위 번호 전화 걸기(Random Digit Dialing, RDD)나 주소 기반 표집(Address-Based Sampling, ABS)을 통해 추출된 사람들에게 연락해 온라인 설문 참여 의사를 확인한 후, 동의한 사람만을 패널로 등록하는 매우 엄격한 방식을 따른다. 이 유형의 패널은 높은 수준의 통계적 대표성을 목표로 하기 때문에, 결과의 일반화 가능성이 매우 중요한 정부의 공식 통계 조사나 신뢰도 높은 학술 연구에 주로 사용된다. 하지만 패널을 구축하고 유지하는 데 막대한 비용과 시간이 소요된다는 명백한 단점을 가지고 있다.

두 번째는 현재 대부분의 상업용 온라인 패널이 해당하는 접근 패널(Access Panels) 또는 비확률 기반 온라인 패널(Non-probability Online Panels)이다. 이는 웹사이트의 참여 유도 배너, 소셜 미디어 광고, 혹은 친구 추천과 같은 바이럴 마케팅 등 다양한 온라인 경로를 통해 자발적으로 참여 의사를 밝힌 응답자들을 모집해 구성한다. 접근 패널은 확률 기반 패널에 비해 구축이 훨씬 용이하고 운영이 유연하며, 특정 인구 통계학적 특성이나 소비 행동을 가진 희소한 응답자 집단을 매우 빠르고 효율적으로 확보할 수 있다는 강력한 장점을 지닌다. 그러나 무작위 방식이 아닌 자발적 참여에 기반하기 때문에, 표본이 전체 모집단을 완벽하게 대표한다고 말하기는 어렵다. 이로 인해 특정 성향의 사람들이 과대 대표되는 자기 선택 편향(self-selection bias)이나, 반복적인 설문 참여로 인해 응답이 왜곡되는 패널 컨디셔닝(panel conditioning)과 같은 잠재적 편향 문제가 발생할 수 있음을 항상 인지하고 있어야 한다.

## 온라인 패널 활용의 장점과 한계점

온라인 패널은 웹서베이를 수행할 때 다른 어떤 방법론과도 비교할 수 없는 여러 가지 명확한 장점을 제공한다.

첫째, 비교 불가능한 효율성과 속도다. 사전에 수만, 수십만 명의 프로파일링된 패널이 이미 존재하므로, 조사자는 복잡한 과정 없이 설문 대상을 신속하게 선별하고 설문 링크를 발송해, 경우에 따라 단 하루 만에도 필요한 데이터를 모두 수집할 수 있다. 이는 긴급한 의사 결정이 필요한 시장 조사나 시시각각 변하는 여론을 파악해야 하는 조사에 특히 절대적으로 유리하다.

둘째, 비용 효율성이 매우 뛰어나다. 전통적인 대면 조사나 전화 조사에서 발생하는 조사원 고용 및 교육비, 설문지 인쇄물 제작비, 전화 비용이나 교통비 등의 막대한 비용이 거의 발생하지 않아 획기적으로 비용을 절감할 수 있다.

셋째, 특정 인구 집단에 대한 용이한 접근성이다. 일반적인 방법으로는 모집이 거의 불가능에 가까운 특정 희귀 질환을 가진 환자 그룹, 특정 브랜드의 고가 제품 사용자, 혹은 매우 소수의 취미를 가진 사람들 등 모집이 어려운 대상층에 대한 조사를 패널의 프로필 정보를 통해 비교적 쉽게 수행할 수 있다.

넷째, 반복 조사(longitudinal study)의 용이성이다. 동일한 패널 구성원을 대상으로 시간의 흐름에 따른 태도나 행동 패턴의 변화를 추적하는 연구를 매우 효율적으로 진행할 수 있다.

그러나 이런 강력한 장점 이면에는 반드시 인지해야 할 몇 가지 중요한 한계점도 존재한다.

첫째, 가장 근본적인 문제인 표본의 대표성 문제다. 특히 비확률 기반의 접근 패널은 모집 과정에서 특정 유형의 사람들(예: 인터넷 활동이 활발한 젊은 층, 인센티브에 민감한 사람)이 더 많이 참여할 가능성이 있어, 그 결과가 전체 모집단의 특성을 정확히 반영하지 못할 수 있다. 이는 조사 결과의 일반화 가능성을 저해하는 치명적인 약점이 될 수 있다.

둘째, 패널 컨디셔닝(Panel Conditioning) 문제다. 패

널 구성원들이 반복적으로 여러 설문에 참여하는 과정에서, 설문 질문의 의도를 파악하거나 바람직하다고 생각하는 방향으로 응답하는 등 설문 자체에 익숙해지거나 '학습'하게 되어, 더 이상 순수한 일반인의 자연스러운 응답이 나오기 어려워질 수 있다.

셋째, 전문 응답자(Professional Respondents) 문제다. 오로지 금전적 인센티브를 목적으로 설문에 참여하는 일부 응답자들이 질문을 제대로 읽지 않고 무성의하게 응답하거나, 여러 개의 패널에 중복으로 가입해 동일한 조사에 반복적으로 참여하는 등의 행동으로 데이터 전체의 품질을 심각하게 저하시킬 수 있다.

마지막으로, 온라인 접근성 편향이다. 인터넷 사용에 익숙하지 않거나 인터넷 접근 자체가 어려운 고령층, 저소득층, 일부 농어촌 지역 거주자 등 특정 계층은 패널에 포함되기 어려워, 이들의 의견이 조사 대상에서 원천적으로 누락될 수 있다는 한계를 가진다. 이런 한계점들을 명확히 인지하고, 이를 보완하기 위한 통계적 · 방법론적 노력을 기울이는 것이 웹서베이의 신뢰도를 높이는 데 필수적이다.

## 온라인 패널 활용 시 고려 사항

온라인 패널을 통해 신뢰도 높은 데이터를 얻기 위해서는, 패널을 활용하는 과정에서 여러 가지 측면을 종합적으로 신중하게 고려해야 한다.

첫째, 패널을 제공하는 업체의 신뢰성 및 패널 자체의 질을 면밀히 검토해야 한다. 해당 패널이 어떤 방식으로 모집되었는지, 전체 패널의 규모는 어느 정도인지, 응답자들의 프로파일링 정보는 얼마나 정교하고 최신으로 관리되고 있는지, 그리고 무성의하거나 중복으로 응답하는 불량 응답자를 어떻게 걸러내고 관리하는지에 대한 구체적인 프로세스를 반드시 확인해야 한다. 신뢰할 수 있는 전문 패널 제공업체는 자사의 패널 품질을 엄격하고 투명하게 관리하며, 다양한 유형의 조사 목적을 지원할 수 있는 역량을 갖추고 있다.

둘째, 표본 설계 및 가중치 적용을 신중하게 고려해야 한다. 특히 비확률 기반 패널을 사용하는 경우, 수집된 응답자의 인구 통계학적 분포가 실제 모집단의 특성과 다를 가능성이 높다. 이 경우, 응답자 분포가 모집단과 일치하도록 통계적으로 보정해 주는 사후 층화 가중치(post-stratification weighting) 등을 적용해 표본의 대표성을 보완하는 방안을 적극적으로 고려해야 한다. 이는 최종 분석 결과의 정확도를 높이는 데 결정적으로 기여한다.

셋째, 설문지의 길이와 난이도를 패널의 특성에 맞춰 최적화해야 한다. 패널 응답자들은 일반적으로 짧고 간결하며 흥미로운 설문에 더 적극적으로 참여하는 경향이 있다. 너무 길거나 복잡하고 지루한 설문은 응답률을 떨어뜨릴 뿐만 아니라, 성실한 패널들이 지쳐서 이탈하게 만드는 주요 원인이 될 수 있다.

마지막으로, 인센티브 전략을 효과적으로 수립해야 한다. 인센티브는 응답률을 높이는 중요한 유인책이지만, 과도한 인센티브는 오히려 보상만을 노리는 전문 응답자 문제를 심화하거나 응답의 성실도를 저해하는 부작용을 낳을 수 있다. 따라서 조사의 난이도, 예상 소요 시간, 그리고 응답자의 특성 등을 종합적으로 고려해 가장 적절한 수준과 형태의 인센티브를 제공하는 것이 중요하다. 이런 다각적인 고려 사항은 온라인 패널을 통한 웹서베이를 성공적으로 수행하고 그 결과를 신뢰하는 데 필수적인 요소들이다.

## 참고문헌

Baker, R., et al.(2010). Research synthesis: AAPOR report on online panels. *Public Opinion Quarterly, 74*(4), pp.711-781.

Callegaro, M., Manfreda, K. L., & Vehovar, V.(2015). *Web survey methodology*(Research methods for social scientists). Sage Publications.

Couper, M. P.(2000). Web surveys: A review of issues and approaches. *Public Opinion Quarterly, 64*(4), pp.464-494.

Tourangeau, R., Conrad, F. G., & Couper, M. P.(2013). *The science of web surveys.* Oxford University Press.

07

# 웹서베이 방법론: 패널 이외 표집틀

모든 길은 온라인 패널로 통하지 않는다. 때로는 전통적인 우편 조사의 원칙이, 때로는 소셜 미디어의 폭발력이 웹서베이의 한계를 돌파하는 열쇠가 된다. 온라인 패널이라는 안전지대를 넘어, 조사의 목적에 맞는 최적의 응답자를 찾아 나서는 다양한 표집의 세계를 탐험한다.

## 확률 표집틀 기반의 웹서베이

온라인 패널이 웹서베이의 가장 일반적인 응답자 공급원인 것은 사실이지만, 그것이 유일한 방법은 아니다. 특히 조사의 결과로부터 전체 모집단의 특성을 통계적으로 엄밀하게 추론해야 할 때, 연구자들은 전통적인 확률 표집 원칙을 온라인 환경에 접목하는 방식을 고려한다. 확률 표집의 핵심은 모집단의 각 구성원이 표본으로 추출될 확률이 사전에 알려져 있고 0이 아니도록 설계해, 표본 추출 과정에서 발생하는 편향(bias)을 최소화하고 통계적 추론의 타당성을 극대화하는 데 있다.

가장 대표적인 방법 중 하나는 주소 기반 표집(Address-Based Sampling, ABS)을 활용한 메일 투 웹 서베이(Mail-to-Web Survey)다. 이 방식은 국가가 관리하는 최신의 전국 주소록이나 특정 지역의 주소록을 표집틀(sampling frame)로 활용해, 조사 대상 가구를 무작위로 추출한다. 이후 해당 주소로 웹서베이의 목적을 설명하고 참여를 요청하는 초대장과 함께, 고유한 접속 코드나 큐알(QR) 코드가 담긴 안내문을 우편으로 발송한다. 응답자는 이 안내문을 보고 자발적으로 웹사이트에 접속해 온라인으로 설문에 참여하게 된다. ABS 방식은 인터넷 사용에 익숙하지 않거나 온라인 패널에 가입하지 않은 고령층이나 저소득층까지 모집단 전체를 포괄할 수 있다는 점에서, 이메일 목록이나 온라인 패널에 비해 훨씬 높은 수준의 모집단 대표성을 확보할 수 있는 강력하고 독보적인 장점을 가진다. 이 때문에 일반 대중 전체를 대상으로 하는 정부의 공공 조사나 공식 통계, 높은 신뢰도를 요구하는 학술 연구에서 표본의 편향을 최소화하는 '황금률'로 여겨진다. 그러나 우편물을 제작하고 발송하며 회수하는 과정에서 추가적인 시간과 비용이 발생하며, 주소록 데이터의 최신성과 정확성이 조사의 성패를 좌우한다는 한계가 있다.

이와 함께 이메일 목록 기반의 표집도 특정 조건하에서 효과적인 확률 표집틀로 활용된다. 특정 조직의 전체 회원 명부, 기업의 전체 고객 데이터베이스, 또는 공공 기관의 등록 정보 등 사전에 완벽하게 구축된 이메일 주소 목록을 표집틀로 삼아, 이 중에서 무작위로 응답자를 추출하고 설문 참여 링크를 이메일로 발송하는 방식이다. 이 방법은 해당 명부가 조사 대상 모집단 전체를 정확하고 포괄적으로 담고 있다는 전제하에 높은 수준의 대표성을 확보할 수 있다. 하지만 현실적으로 모든 모집단 구성원의 이메일 주소를 확보하는 것은 매우 어렵고, 수신자가 이메일을 열어 보지 않거나 스팸으로 처리하는 등의 문제로 인해 실제 응답률이 기대보다 낮아질 수 있다는 한계가 있다.

또 다른 접근법은 전화번호부 기반의 무작위 번호 전화 걸기(RDD: Random Digit Dialing)이다. 이는 무작위로 생성된 유무선 전화번호를 통해 응답자를 선정한 후, 먼저 전화 통화로 조사의 목적을 설명하고 설문 참여 의사를 확인하는 방법이다. 이후 동의한 응답자에게만 설문 링크를 문자 메시지(SMS)나 이메일로 발송하여 웹서베이로 참여를 전환하는 하이브리드 방식이다. 이 방법은 전화 조사의 장점인 무작위성과 웹서베이의 장점인 비용 효율성 및 응답 편의성을 결합한 영리한 접근법이다. 전화번호부가 모집단을 잘 대표한다는 가정하에 높은 대표성을 기대할 수 있지만, 전화를 받은 사람이 온라인 설문에 참여할 의사가 없거나 스마트폰 활용에 익숙지 않은 기술적 제약이 있을 수 있다는 점을 고려해야 한다.

## 비확률 표집틀 기반의 웹서베이

엄격한 확률 표집틀 외에도, 웹서베이에서는 특정한 목적을 위해 다양한 비확률 표집틀을 활용해 응답자를 모집할 수 있다. 이런 방법은 확률 표집에 비해 대표성 확보라는 측면에서는 명백한 제약이 있을 수 있지만, 특정 상황에서 조사의 효율성과 비용, 그리고 특정 집단에 대한 접근성을 획기적으로 높이는 데 매우 유용하다.

첫 번째는 웹사이트 방문자 기반 표집이다. 이는 특정 기업의 웹사이트나 온라인 쇼핑몰, 언론사 웹사이트 등에 방문하는 사용자들을 대상으로 설문 참여를 요청하는 팝업 창이나 배너를 띄워 응답을 유도하는 방식이다. 이 방법은 해당 웹사이트를 이용하는 사용자들의 특성을 파악하거나, 서비스 이용 경험 및 만족도를 조사하는 데 매우 직접적이고 효과적이다. 예를 들어, 특정 온라인 쇼핑몰에서 제품을 막 구매한 고객에게 구매 과정의 만족도를 묻는 조사를 진행할 때 유용하게 사용될 수 있다. 그러나 이 방법으로 얻은 데이터는 해당 웹사이트 방문자에게만 국한되므로, 그 결과를 일반 대중 전체의 의견으로 확대 해석하는 것은 매우 위험하다.

두 번째는 소셜 미디어 기반 표집이다. 페이스북, 인스타그램, X(구 트위터) 등 막강한 파급력을 가진 소셜 미디어 플랫폼을 통해 설문 링크를 공유하거나, 플랫폼이 제공하는 정교한 타깃팅 광고 기능을 활용해 특정 관심사를 가진 응답자를 모집하는 방식이다. 특정 게임 사용자들의 의견을 듣거나, 특정 정치인을 지지하는 사람들의 성향을 파악하거나, 혹은 특정 취미(예: 캠핑, 낚시)를 가진 사람들의 소비 행태를 조사할 때 매우 빠르고 효과적으로 목표 대상에게 접근할 수 있다는 장점이 있다. 하지만 소셜 미디어 사용자 중에서도 특히 활동적인 사용자나 특정 성향의 사용자에게 표본이 편향될 수 있으며, 한 사람이 여러 계정으로 중복 응답하거나 무성의하게 응답하는 경우를 기술적으로 걸러내는 데 추가적인 노력이 필요하다.

세 번째는 가장 개방적인 방식인 자발적 참여 기반 표집(Self-selected Samples)이다. 이는 설문 링크를 특정 집단에 한정하지 않고 온라인 공간에 공개적으로 게시해, 그야말로 자발적인 참여를 독려하는 방식이다. 뉴스 기사의 댓글 창, 대형 온라인 커뮤니티 게시판, 블로그 등에 설문 링크를 공유해 최대한 많은 응답자를 모으는 데 중점을 둔다. 이 방법은 비용이 거의 들지 않고 광범위한 홍보가 가능하다는 장점이 있지만, 응답자들이 대부분 특정 이슈에 대해 매우 강한 의견을 가진 사람들이거나, 온라인 활동이 유난히 활발한 사람들에게 편향될 가능성이 극도로 높다. 따라서 조사 결과의 일반화 가능성은 매우 낮으므로, 탐색적 연구나 특정 현상에 대한 가능한 모든 종류의 다양한 의견을 수렴하는 목적으로만 제한적으로 활용해야 한다.

마지막으로, 최근 학술 연구 분야에서 각광받는 크라우드소싱 플랫폼 기반 표집이 있다. 아마존 메커니컬 터크(Amazon Mechanical Turk, MTurk)와 같은 플랫폼은 소액의 보상을 제공하며 전 세계의 자발적인 참여자들에게 데이터 레이블링, 이미지 분류 등 간단한 온라인 작업을 의뢰하는데, 웹서베이 역시 이러한 작업의 한 형태로 게시될 수 있다. MTurk는 매우 빠르고 저렴한 비용으로 수천 명의 응답자를 확보할 수 있다는 놀라운 장점을 가지고 있다. 또한 특정 국가 거주자나 특정 조건을 가진 응답자를 필터링해 설문을 진행할 수도 있다. 그러나 응답자의 신원이 불분명하고, 보상만을 노린 무성의한 응답이나 로봇에 의한 자동 응답 등의 데이터 품질 관리 문제가 발생할 수 있다. 또한 '터커(Turker)'라 불리는 특정 플랫폼의 반복 참여자 그룹에게 응답이 편중될 수 있어, 데이터 수집 후 철저한 데이터 정제와 검증 과정이 필수적으로 요구된다.

## 하이브리드 표집 및 표집틀 선택의 고려 사항

실제 웹서베이 현장에서는 단 하나의 표집틀이나 방법론만을 고수하기보다는, 여러 방식을 전략적으로 결합한 하이브리드 표집(Hybrid Sampling) 접근법을 고려하는 것이 더 현명할 수 있다. 이는 각 방법이 가진 장점을 취하고 단점을 상호 보완해, 조사의 효율성과 데이터의 품질을 동시에 높이는 매우 실용적인 전략이다. 예를 들어, 조사의 근간이 되는 표본은 확률 표집을 통해 확보해 대표성의 기반을 다진 후, 목표 응답자 수에 미달하거나 통계적 보정이 필요한 특정 집단(예: 20대 여성)에 대해서는 온라인 패널이나 소셜 미디어를 통해 추가적으로 응답자를 모집하는 방식이 있다. 또는 온라인 패널을 주된 표집틀로 사용하되, 패널이 가진 대표성의 한계를 보완하기 위해 웹사이트 방문자 설문을 병행해 데이터의 폭을 넓히는 것도 가능하다.

궁극적으로 어떤 표집틀을 선택할지는 다음과 같은 주요 고려 사항을 종합적으로 판단해 결정해야 한다.

첫째, 조사의 목적과 연구 질문이다. 모집단 전체에 대한 엄밀한 통계적 추론이 필수적인지, 아니면 특정 집단의 의견이나 탐색적인 정보 수집이 주된 목적인지에 따라 적합한 표집틀은 완전히 달라진다.

둘째, 요구되는 대표성 수준이다. 높은 수준의 대표성과 결과의 일반화 가능성이 필요하다면, 비용과 시간이 더 들더라도 확률 표집 기반의 방법을 우선적으로 고려해야 한다.

셋째, 예산과 시간의 제약이다. 확률 표집은 일반적으로 구축 및 유지 비용이 높고 시간이 오래 걸리는 반면, 비확률 표집은 상대적으로 빠르고 비용 효율적이라는 장점이 있다.

넷째, 모집단의 특성과 접근 용이성이다. 조사 대상이 특정 온라인 커뮤니티에 고도로 집중되어 있거나, 이메일 주소와 같은 명확한 명부가 존재하는지에 따라 가장 효과적인 표집틀이 달라질 수 있다.

이런 요소를 면밀히 검토해 우리 조사의 고유한 특성에 가장 적합하고 효율적인 표집틀과 모집 전략을 수립하는 것이 성공적인 웹서베이의 핵심이다.

## 참고문헌


Baker, R., et al.(2010). Research synthesis: AAPOR report on online panels. *Public Opinion Quarterly, 74*(4), pp.711-781.

Callegaro, M., Manfreda, K. L., & Vehovar, V.(2015). *Web survey methodology*(Research methods for social scientists). Sage Publications.

Couper, M. P.(2000). Web surveys: A review of issues and approaches. *Public Opinion Quarterly, 64*(4), pp.464-494.

Litman, L. & Robinson, J.(2020) *Conducting online research on Amazon Mechanical Turk and Beyond.* SAGE Publications.

Tourangeau, R., Conrad, F. G., & Couper, M. P.(2013). *The science of web surveys.* Oxford University Press.

08

# 웹서베이의 장점과 단점

모두가 웹서베이의 속도와 비용을 칭송할 때,
데이터 전문가는 조용히 '쓰레기 데이터'를
골라낸다. 당신이 놓치고 있는 웹서베이의
치명적 단점과, 그것을 통계적 기법으로 극복해
데이터의 연금술을 이루는 최신 방법론의
세계를 공개한다.

## 웹서베이의 주요 장점

웹서베이가 현대 사회의 거의 모든 영역에서 보편적인 조사 방법으로 자리 잡은 데에는, 다른 어떤 조사 방법도 따라올 수 없는 명확하고 강력한 장점들이 존재하기 때문이다.

첫째, 비용과 시간 효율성이 타의 추종을 불허할 정도로 탁월하다. 전통적인 조사에서 가장 큰 비용을 차지했던 설문지 인쇄비, 우편 발송비, 그리고 수많은 조사원을 고용하고 교육하는 데 드는 인건비가 거의 들지 않는다. 이를 통해 과거에는 상상할 수 없었던 저렴한 비용으로 대규모 조사를 손쉽게 수행할 수 있게 되었다. 시간 효율성 또한 혁신적이다. 설문지를 배포하는 즉시 전 세계에서 응답 데이터가 실시간으로 수집되기 시작하며, 조사자는 응답 현황을 대시 보드를 통해 실시간으로 모니터링하며 즉각적인 의사 결정을 내릴 수 있다.

둘째, 광범위한 도달 가능성을 제공한다. 인터넷이 연결된 곳이라면 지구 반대편에 있는 응답자라도 아무런 지리적 제약 없이 조사에 참여시킬 수 있다. 이는 특정 국가나 지역을 넘어 여러 문화를 비교하는 글로벌 리서치를 가능하게 할 뿐만 아니라, 지리적으로 흩어져 있는 특정 니치(niche, 틈새) 집단(예: 희귀 질환 환자, 특정 고가 장비 사용자)에 대한 접근을 매우 용이하게 만든다.

셋째, 높은 상호 작용성 및 데이터 품질 관리가 가능하다. 설문지에 단순 텍스트를 넘어 이미지, 동영상, 음성 파일 등 다양한 멀티미디어를 포함해 응답자의 이해도를 높일 수 있다. 또한 응답자의 답변에 따라 질문의 순서나 내용이 바뀌는 복잡한 논리 분기(skip logic)를 정교하게 구현해, 응답자 맞춤형 질문을 통해 더욱 정확한 정보를 얻을 수 있다. 특히 응답자가 직접 데이터를 컴퓨터에 입력하므로, 조사원이 종이 설문지를 옮겨 적는 과정에서 발생하는 데이터 입력 오류가 원천적으로 차단된다. 수집된 데이터는 즉시 디지털 형태로 저장되어 별도의 데이터 입력 과정 없이 바로 통계 분석이 가능하다는 점도 큰 장점이다.

넷째, 응답자 편의성 및 익명성 보장이다. 응답자는 조사원의 스케줄에 맞출 필요 없이, 자신이 가장 편리한 시간과 원하는 장소에서 편안하게 설문에 참여할 수 있다. 또한 조사원과 직접 대면하지 않기 때문에 높은 수준의 익명성이 보장된다. 이는 소득, 건강, 정치적 성향과 같은 민감한 질문에 대해서도 사회적 시선을 의식하지 않고 훨씬 더 솔직하고 진솔한 답변을 유도할 수 있게 해 준다.

## 웹서베이의 주요 단점

이처럼 강력한 장점들에도 불구하고, 웹서베이의 특성상 반드시 인지하고 극복해야 할 몇 가지 중요한 단점과 치명적인 한계점이 존재한다.

첫째, 가장 근본적인 문제로 표본의 대표성 문제가 발생한다. 웹서베이는 인터넷을 사용하지 않거나 디지털 기기 활용이 미숙한 계층을 조사 대상에서 구조적으로 배제하는 '디지털 격차(digital divide)' 문제로부터 자유롭지 못하다. 이로 인해 우리가 얻은 표본이 전체 모집단을 올바르게 대표하지 못하고 특정 계층에 편중될 위험이 크다. 여기에 더해, 설문에 자발적으로 참여하는 응답자들의 '자기 선택 편향(self-selection bias)'은 문제를 더욱 심각하게 만든다. 특정 이슈에 대해 강한 의견을 가진 사람들이나 특정 인센티브에 민감한 사람들이 설문에 더 적극적으로 참여하게 되어, 그 결과가 일반 대중의 생각과는 다르게 왜곡될 수 있다.

둘째, 데이터 품질 저하 가능성이 상존한다. 금전적 보상만을 노리는 '전문 응답자'들이 질문을 제대로 읽지 않고 무성의하게 응답하거나, 모든 질문에 일관되게 같은 답변을 하는 행태, 혹은 사람이 아닌 자동화된 프로그램인 '봇(bot)'의 참여는 수집된 데이터의 신뢰성을 뿌리부터 흔들 수 있다. 이렇게 오염된 데이터는 분석 결과를 왜곡하며, 이를 걸러내기 위한 데이터 정제 과정에 추가적인 시간과 노력을 요구한다.

셋째, 기술적 제약 및 오류 가능성이다. 설문 디자인이나 프로그래밍상의 작은 오류 하나가 응답자의 중도 이탈을 유발할 수 있다. 또한 응답자가 사용하는 기기(PC, 스마트폰)나 웹 브라우저의 종류와 버전에 따라 설문 환경이 다르게 보일 수 있다는 한계도 존재한다. 특히 응답자의 미묘한 감정이나 복잡한 생각을 읽어 내야 하는 심층적인 개방형 질문에 대해서는, 텍스트 입력의 불편함으로 인해 깊이 있는 답변을 얻는 데 한계가 있을 수 있다.

## 웹서베이 단점 해결을 위한 최신 방법론

웹서베이의 고질적인 단점, 특히 표본의 대표성 문제와 데이터 품질 문제를 해결하고, 비확률 표본으로부터 얻은 데이터의 신뢰도를 높이기 위한 노력은 통계적 모델링과 새로운 표본 설계 방식의 눈부신 발전으로 이어지고 있다. 단순히 편의성에만 의존하는 것을 넘어, 데이터의 한계를 과학적으로 극복하려는 시도들은 다음과 같다.

### 샘플 매칭

가장 대표적인 방법 중 하나는 유고브(YouGov)와 같은 세계적인 조사 기관에서 주로 활용하는 샘플 매칭(Sample Matching) 기법이다. 이 방식은 우선, 정부의 인구 센서스 데이터와 같이 모집단을 매우 잘 대표하는 고품질의 외부 확률 표본 데이터를 '목표 표본'으로 설정한다. 그리고 우리가 보유한 대규모 비확률 온라인 패널 응답자들 중에서, 이 목표 표본의 개인별 특성(성별, 연령, 교육 수준, 지역 등)과 가장 유사한 사람들을 통계적 알고리즘을 통해 일대일로 찾아내어 '매칭'시킨다. 이렇게 매칭된 패널에게만 설문을 보내 데이터를 수집함으로써, 최종적으로 얻어진 표본이 비확률 패널임에도 불구하고 목표가 되었던 확률 표본과 매우 유사한 특성을 갖도록 만드는 것이다. 이는 비확률 패널이 가진 선택 편향의 한계를 상당 부분 보완하고 통계적 대표성을 획기적으로 높일 수 있는 매우 정교한 접근법이다.

### 가중치 기법

가중치(Weighting) 기법은 비확률 표본이 가진 선택 편향을 통계적으로 보정해, 그 결과를 모집단의 특성에 가깝게 조정하는 가장 널리 쓰이는 방법이다. 가장 기초적인 형태는 사후 층화 가중치(Post-stratification Weighting)다. 이는 수집된 표본의 인구 통계학적 구성비(예: 남성 60%, 여성 40%)가 우리가 알고 있는 실제 모집단의 구성비(예: 남성 50%, 여성 50%)와 다를 때, 과소 대표된 집단(여성)의 응답에는 더 높은 가중치를, 과대 대표된 집단(남성)의 응답에는 더 낮은 가중치를 부여해 인구 구성의 균형을 맞추는 방법이다.

여기서 한 단계 더 나아간 정교한 기법이 바로 성향 점수 가중치(Propensity Score Weighting, PSW), 즉 성향 가중이다. 이는 단순히 인구 통계학적 구성비만 맞추는 것을 넘어, 응답자들의 '참여 성향' 자체를 보정하고자 한다. 이 방법은 특정 인구 통계학적 및 사회 심리학적 특성을 가진 개인이 웹서베이에 참여할 '성향 점수'를 로지스틱 회귀 분석(logistic regression)과 같은 통계 모델을 통해 계산한다. 그리고 이 성향 점수의 역수를 각 응답자에게 가중치로 부여해, 자발적 참여 과정에서 발생할 수밖에 없는 선택 편향을 통계적으로 정교하게 보정한다.

### 최신 모델 기반 접근법: MRP

최근 정치 및 사회 조사 분야에서 가장 각광받는 방법론은 MRP(Multilevel Regression and Post-stratification, 다층

회귀 및 사후 층화)다. 이는 앞서 설명한 가중치 기법을 훨씬 더 고도화한 모델 기반 접근법이다. MRP는 먼저 다층 회귀 모델(Multilevel Regression Model)을 사용해 응답자의 응답(예: 특정 후보 지지 여부)이 그들의 인구 통계학적 특성(연령, 성별, 지역, 교육 수준 등) 및 지역적 특성과 어떤 관계를 맺고 있는지 분석한다. 그 후, 이 모델을 활용해 인구 센서스 자료에 나타난 매우 세분된 모든 인구 집단(예: '서울 거주 20대 대졸 여성', '부산 거주 60대 고졸 남성' 등) 각각의 응답을 예측한다. 마지막으로, 이렇게 예측된 수많은 집단별 응답 결과를 실제 인구 구성비에 따라 가중 평균하여 전체 모집단의 의견을 추정하는 방식이다. 이 복잡한 모델링 과정은 종종 베이지안 추론(Bayesian Inference)을 통해 구현되는데, 이는 불확실성이 큰 데이터로부터 안정적이고 신뢰도 높은 결론을 이끌어 내는 데 도움을 준다.

#### 데이터 융합

또한 여러 다른 종류의 데이터 소스(예: 온라인 패널 데이터, 확률 표본 전화 조사 데이터, 정부 행정 데이터 등)를 통계적으로 결합하는 데이터 융합(Data Fusion) 모델도 활발히 활용된다. 데이터 융합은 각 데이터 소스가 가진 장점은 취하고 단점은 보완함으로써, 전체 정보의 풍부함과 정확성을 동시에 높이는 매우 실용적인 전략이다.

이런 최신 방법론은 웹서베이가 가진 태생적 한계를 인정하되, 거기에 머무르지 않고 통계 과학의 힘을 빌려 데이터의 신뢰성을 한 차원 끌어올리려는 적극적인 노력의 산물이다. 이를 통해 웹서베이 데이터의 신뢰성과 활용 범위를 비약적으로 확장하는 데 크게 기여하고 있다.

## 참고문헌


Callegaro, M., Manfreda, K. L., & Vehovar, V.(2015). *Web survey methodology*(Research methods for social scientists). Sage Publications.

Dillman, D. A., Smyth, J. D., & Christian, L. M.(2014). *Internet, phone, mail, and mixed-mode surveys: The tailored design method*. John Wiley & Sons.

Mercer, A. W., Kreuter, F., Keeter, S., & McGeeney, K.(2017). An evaluation of opt-in online panels in political polling. *Public Opinion Quarterly, 81*(S1), pp.384-401.

09

# 웹서베이 의뢰 시 고려 사항

웹서베이 의뢰는 결과물을 단순히 구매하는 쇼핑이 아니라, 성공적인 항해를 위한 전문가를 고용하는 전략적 파트너십이다. 최고의 업체를 고르는 기준부터, 연구 윤리를 지키고, 최종 보고서의 숨은 오류를 찾아내는 것까지, 투자를 완벽한 성공으로 이끄는 의뢰의 모든 과정을 알아본다.

## 조사업체 선정과 커뮤니케이션

웹서베이를 직접 수행할 내부 역량이나 자원이 부족한 상황이라면, 전문성과 인프라를 갖춘 조사업체에 의뢰하는 것이 가장 현실적이고 효율적인 대안이다. 이때 어떤 조사업체를 파트너로 선택하느냐가 웹서베이 프로젝트의 성패를 가르는 가장 중요한 첫 번째 관문이 될 수 있다. 단순히 여러 업체의 견적서를 받아 보고 가장 저렴한 곳을 선택하는 근시안적인 접근보다는, 해당 업체의 전문성, 실제적인 경험, 그리고 보유하고 있는 인프라를 다각도에서 면밀히 평가하는 과정이 반드시 필요하다.

먼저, 조사업체가 웹서베이 분야에서 얼마나 풍부하고 깊이 있는 경험을 가졌는지, 그리고 우리가 진행하려는 조사와 유사한 주제나 규모의 프로젝트를 성공적으로 수행한 구체적인 레퍼런스가 있는지 확인하는 것이 매우 중요하다. 설문 설계, 웹 프로그래밍, 데이터 수집 및 관리, 통계 분석, 그리고 최종 보고서 작성에 이르는 전 과정에 걸쳐 전문성을 갖춘 인력이 충분히 포진해 있는지, 그리고 모바일 최적화, 복잡한 논리 분기(skip logic) 구현, 데이터 보안 등 최신 웹서베이 기술에 대한 깊은 이해와 활용 능력을 갖추고 있는지도 반드시 검토해야 할 항목이다.

## 핵심 자산 파악: 조사업체의 패널 품질 검증하기

특히 조사업체를 평가할 때 가장 중요하게 들여다봐야 할 부분이 바로 응답 데이터의 원천이 되는 '온라인 패널'의 품질이다. 패널은 조사업체의 가장 핵심적인 자산이므로, 아래 사항들을 구체적으로 질문하고 투명한 답변을 요구해야 한다.

우선 패널의 모집 방식 및 출처의 확인해야 한다. 패널을 어떤 경로를 통해 모집하는지 살펴보는 것이 중요하다. 웹사이트 배너, 소셜 미디어 광고 등 다양한 온라인 경로를 통해 자발적으로 참여한 응답자들로 구성된 비확률 패널의 경우, 모집 채널이 다양할수록 특정 성향의 응답자에게 편중될 위험이 줄어든다. 패널의 모집 소스에 대한 투명한 공개를 요청하는 것은 업체의 신뢰도를 가늠하는 첫걸음이다.

다음으로 패널의 프로파일링 수준을 알아봐야 한다. 신뢰할 수 있는 패널은 기본적인 인구 통계학적 정보 외에도 응답자의 관심사, 라이프 스타일, 특정 제품 구매 행태 등 매우 상세한 프로필 정보를 보유하고 관리한다. 이를 통해 매우 정교한 타깃 조사가 가능해진다. 조사업체가 얼마나 상세한 프로필 정보를 보유하고 있으며, 이 정보를 얼마나 주기적으로 업데이트해 최신성을 유지하는지 확인해야 한다.

마지막으로 패널의 관리 및 데이터 품질 관리 시스템이 어느 정도 작동하는지 확인해야 한다. 패널이 어떻게 '관리'되고 있는지는 데이터 품질과 직결된다. 금전적 보상만을 목적으로 활동하는 '전문 응답자'나 모든 질문에 동일하게 답하는 '일직선 응답' 등을 걸러내는 자체적인 시스템이 있는지 반드시 물어야 한다. 한 사람이 여러 아이디로 가입하는 중복 응답자를 방지하는 기술적 장치가 있는지, 응답 시간이 비정상적으로 짧은 불성실 응답자를 어떻게 처리하는지 등에 대한 구체적인 품질 관리 기준을 제시하는 업체가 신뢰할 수 있다. ESOMAR(European Society of Opinion and Marketing Research, 유럽 여론 및 마케팅 연구 협회)와 같은 국제적인 온라인 샘플 품질 가이드라인을 준수하는지 확인하는 것도 좋은 방법이다.

## 효과적인 커뮤니케이션 전략

조사업체 선정만큼이나 중요한 것은 프로젝트 전반에 걸친 명확하고 지속적인 커뮤니케이션이다. 조사 의뢰자는 프로젝트 시작 단계에서 조사를 통해 궁극적으로 얻고자 하는 목적, 구체적인 핵심 연구 질문, 목표 응답자의 상세한 특성, 그리고 가용한 예산과 최종 마감 기한 등을 조사 업체에 처음부터 명확하고 상세하게 전달해야 한다. 조사가 진행되는 동안에도 정기적인 미팅이나 보고 체계를 통해 진행 상황을 투명하게 공유받고, 중요한 이슈에 대해 함께 논의하며 피드백을 주고받는 것이 필수적이다.

특히 설문 문항의 최종 확정, 웹설문 디자인 시안 검토, 사전 조사(pilot test) 결과 확인 등 모든 주요 의사 결정 과정에 의뢰자가 적극적으로 참여함으로써, 최종 결과물이 의뢰자의 기대와 요구 사항에 완벽하게 부합하도록 만들어가야 한다. 이처럼 투명하고 개방적인 커뮤니케이션은 양측의 오해를 줄이고 조사의 완성도를 극대화하는 가장 핵심적인 성공 요소다.

## 설문 설계 및 연구 윤리 준수

웹서베이를 외부 업체에 의뢰할 때, 단순히 몇 가지 질문 목록을 던져 주고 조사업체에 모든 것을 맡겨 버리는 '손떼기' 방식은 가장 경계해야 할 태도다. 설문 설계 과정에 의뢰자가 주도적으로 참여하고, 조사 전반의 연구 윤리 준수 여부를 꼼꼼히 확인하는 것이 매우 중요하다. 아무리 전문적인 조사업체라 할지라도, 해당 조사가 필요한 비즈니스적 맥락이나 연구의 핵심적인 의도, 그리고 용어 선택의 미묘한 뉘앙스까지 의뢰자만큼 정확하게 알 수는 없기 때문이다.

설문 문항을 최종적으로 작성하는 단계에서는, 조사의 목적을 가장 효과적으로 달성하기 위한 최적의 질문 방식과 응답 옵션 구성에 대해 조사업체의 전문가와 심도 있게 논의해야 한다. 모바일 환경에서의 가독성, 질문의 논리적인 순서, 응답자의 피로도를 줄이기 위한 설문 길이 조절 방안 등을 함께 고민해야 한다. 또한 웹서베이의 장점인 복잡한 논리 분기나 응답자 맞춤형 질문이 필요한 경우, 이에 대한 상세한 요구 사항을 명확히 전달하고 실제 기술적 구현 가능성을 확인해 수집될 데이터의 질을 한 차원 높일 수 있다.

더불어, 연구 윤리 준수 여부는 웹서베이 의뢰 시 절대 간과해서는 안 될 가장 중요한 부분이다. 조사업체가 ESOMAR의 국제 연구 윤리 강령과 같은 공인된 표준을 철저히 준수하는지 반드시 확인해야 한다. 응답자의 개인정보 보호는 그중에서도 최우선 과제다. 수집되는 모든 정보가 「통계법」에 따라 완벽하게 익명으로 처리되는지, 혹은 식별 가능한 정보를 수집할 경우 해당 정보가 어떻게 암호화되고 안전하게 보관 및 파기되는지 구체적으로 확인해야 한다. 「개인정보보호법」 등 관련 국내 법규를 완벽히 준수하는지, 응답자에게 설문의 목적, 후원 기관, 참여에 따른 이점과 잠재적 위험, 그리고 언제든지 참여를 철회할 수 있는 권리 등을 명확히 고지하고 자발적인 사전 동의를 획득하는 절차를 갖추고 있는지도 확인해야 한다. 특히 미성년자나 노인 등 사회적 취약 계층을 대상으로 하는 조사의 경우에는 이들을 보호하기 위한 특별한 윤리적 보호 조치가 마련되어 있는지 등을 철저히 검토해야 한다. 조사의 윤리적 문제는 데이터의 신뢰성뿐만 아니라 의뢰 기관의 사회적 평판에도 직접적인 영향을 미치므로, 조사업체와의 계약 단계부터 이러한 윤리적 가이드라인을 명시하고 그 준수를 강력하게 요구해야 한다.

## 데이터 품질 관리 및 결과물 확인

웹서베이 의뢰의 최종 목표는 단순히 보고서를 받는 것이 아니라, 양질의 데이터를 기반으로 의미 있는 통찰을 얻어 현명한 의사 결정을 내리는 것이다. 따라서 데이터 수집 과정에서의 품질 관리 방안을 명확히 하고, 최종 결과물을 꼼꼼하게 확인하는 과정이 매우 중요하다.

조사업체와 계약하는 시점에서부터, 데이터 수집 과정에서 발생할 수 있는 다양한 품질 저하 요인을 어떻게 통제하고 관리할 것인지 구체적으로 논의하고 합의해야 한다. 예를 들어, 질문을 제대로 읽지 않고 모든 문항에 동일한 응답을 하거나 극단적인 응답을 반복하는 경우, 평균보다 매우 짧은 시간에 응답을 완료하는 경우 등 무성의한 응답자나, 여러 개의 아이디로 중복 응답하는 응답자, 그리고 사람이 아닌 자동화 프로그램인 봇(bot) 응답 등 이른바 '불량 응답'을 어떤 기준으로 어떻게 식별하고 필터링할 것인지에 대한 명확한 기준과 절차를 사전에 합의해야 한다. ESOMAR 가이드라인에서도 강조하듯이, 이런 '불량 응답'을 체계적으로 탐지하고 처리하는 과정은 데이터의 신뢰도를 지키기 위한 필수적인 장치다.

수집된 데이터에 대한 최종 결과물을 확인할 때도 철저한 검토가 필요하다. 조사업체가 제공하는 최종 보고서가 우리가 처음에 설정했던 조사의 목적과 핵심 연구 질문에 대한 명확한 답변을 제시하고 있는지, 분석 결과가 객관적이고 정확한 통계 기법에 근거하여 제시되었는지, 그리고 보고서에 사용된 그래프나 차트와 같은 시각화 자료가 내용을 이해하기 쉽게 효과적으로 구성되어 있는지 등을 꼼꼼히 검토해야 한다. 단순한 결과의 나열을 넘어, 분석 결과를 바탕으로 한 심층적인 해석과 실질적인 시사점, 그리고 다음 단계를 위한 전략적 제언이 포함되어 있는지 확인해야 한다. 특히 조사 방법론(샘플링 방법, 가중치 적용 여부, 데이터 품질 관리 절차 등)에 대한 투명하고 상세한 기술은 ESOMAR를 비롯한 모든 전문 조사 기관에서 요구하는 기본적인 보고 원칙이므로, 이 부분이 명확히 기재되었는지 반드시 확인해야 한다. 필요한 경우, 통계 분석에 사용된 원시 데이터(raw data)와 분석 스크립트를 요청해 교차 검증하는 것도 투명성을 확보하는 좋은 방법이다. 이런 최종 검토 과정을 통해 의뢰자는 웹서베이에 투자한 비용과 시간의 가치를 극대화하고, 데이터 기반의 합리적인 의사 결정을 내릴 수 있는 확신을 얻게 될 것이다.

## 참고문헌


Baker, R., et al.(2010). Research synthesis: AAPOR report on online panels. *Public Opinion Quarterly, 74*(4), pp.711-781.

Callegaro, M., Manfreda, K. L., & Vehovar, V.(2015). *Web survey methodology*(Research methods for social scientists). Sage Publications.

Dillman, D. A., Smyth, J. D., & Christian, L. M.(2014). *Internet, phone, mail, and mixed-mode surveys: The tailored design method.* John Wiley & Sons.

ESOMAR(2016). ESOMAR/GRBN Guideline on Online Sample Quality.

ESOMAR(2020). International code of Esomar/GRBN for market, opinion and social research and data analytics.

10

# 웹서베이의 미래 동향과 발전 방향

미래의 설문은 더 이상 '질문' 하지 않을지 모른다. 인공지능이 당신의 생각을 예측하고, 웨어러블 기기가 당신의 감정을 읽어 내는 시대. 웹서베이가 기술과 융합하며 맞이할 경이로운 미래와, 그 속에서 우리가 반드시 지켜야 할 데이터 윤리의 마지막 보루를 조망한다.

## 기술 발전과 웹서베이의 변화

웹서베이의 미래는 정보 기술의 발전 궤적과 그 무엇보다 밀접하게 연관되어 있다. 특히 우리 손안의 모바일 기술, 모든 것을 자동화하는 인공지능(AI), 그리고 현실과 가상을 연결하는 사물인터넷(IoT)의 발전은 웹서베이의 형태와 기능을 지금과는 완전히 다른 차원으로 근본적으로 변화시킬 것이다.

모바일 최적화 및 접근성 강화는 이미 거스를 수 없는 대세이자 현재 진행형인 변화다. 스마트폰이 정보를 소비하고 소통하는 가장 주요한 수단이 되면서, 미래의 웹서베이는 단순히 어떤 모바일 기기에서도 화면이 깨지지 않는 반응형 디자인을 넘어, 모바일 앱을 기반으로 하거나 시스템 알림 기능을 적극적으로 활용한 형태로 진화할 것이다. 이를 통해 특정 경험 직후에 응답을 요청하는 '인-모멘트(in-the-moment)' 조사가 더욱 보편화될 수 있다. 예를 들어, 영화 관람 직후 앱 푸시를 통해 영화 평점을 묻거나, 매장 방문 직후 만족도를 묻는 등 생생한 경험이 휘발되기 전의 날것 그대로의 감정과 평가를 포착하게 될 것이다.

인공지능과 머신러닝(Machine Learning, ML)의 활용은 웹서베이의 전 과정에 걸쳐 혁신을 가져올 가장 강력한 잠재력을 가지고 있다. AI는 조사 목표에 맞춰 최적의 설문 문항을 자동으로 생성 및 추천하거나, 응답자의 수준에 맞춰 질문의 순서나 용어의 난이도를 동적으로 조정하는 등 설문 설계자의 부담을 획기적으로 줄여줄 수 있다. 또한 응답 패턴을 실시간으로 분석해 질문을 제대로 읽지 않거나 모순된 답변을 하는 불량 응답자를 자동으로 식별하고 데이터에서 제거함으로써, 데이터 품질 관리의 효율성을 비약적으로 높일 수 있다. 특히 수천 개의 개방형 질문에 대한 답변을 AI가 텍스트 마이닝과 감성 분석 기법으로 자동 분석해 핵심 키워드와 긍정 · 부정 뉘앙스를 신속하게 도출하는 기술은, 비정형 데이터로부터 유의미한 통찰을 얻는 시간을 극적으로 단축시킬 것이다. 나아가 챗봇 기술이 접목된 대화형 설문은 딱딱한 질문지를 넘어, 응답자와 자연스럽게 대화를 주고받으며 보다 유연하고 깊이 있는 응답을 유도하는 새로운 조사 경험을 제공할 것이다.

웨어러블 기기 및 IoT 데이터와의 연동은 웹서베이가 다룰 수 있는 정보의 새로운 지평을 열 것이다. 스마트워치나 스마트밴드와 같은 웨어러블 기기에서 수집되는 심박수, 수면 패턴 등 개인의 생체 데이터나 활동량 데이터를, 응답자의 동의하에 설문 응답과 결합해 개인의 행동과 심리 상태를 보다 객관적이고 입체적으로 파악하는 조사가 가능해질 것이다. 또한 가상 현실(Virtual Reality, VR)이나 증강 현실(Augmented Reality, AR) 기술을 활용한 몰입형 설문 환경은, 응답자가 특정 신제품을 가상으로 사용해 보거나 새로운 매장 인테리어를 가상으로 경험하며 설문에 참여하도록 유도해, 보다 현실적이고 풍부한 데이터를 얻는 데 크게 기여할 수 있다.

## 데이터 품질 및 대표성 확보 노력의 심화

미래에도 데이터의 양적 증가만큼이나, 혹은 그 이상으로 중요한 것은 바로 수집된 데이터의 질적 수준을 높이는 것이다. 미래의 웹서베이는 고질적인 문제인 데이터 품질과 표본 대표성 문제를 해결하기 위한 기술적·방법론적 노력을 더욱 심화해 나갈 것이다.

고도화된 표본 보정 기법은 계속해서 발전할 것이다. 8장에서 다룬 샘플 매칭, 가중치 기법, 데이터 융합과 같은 통계적 방법론은 더욱 정교해지고 자동화되어, 비확률 표본이 가진 한계를 극복하는 데 필수적인 도구가 될 것이다. 특히 머신러닝 기반의 알고리즘은 응답자의 방대한 프로필 데이터를 정교하게 분석해 최적의 매칭 및 가중치를 자동으로 찾아내고, 예측 모델을 통해 비응답으로 인한 편향을 줄이는 데 적극적으로 활용될 것이다.

패널 관리의 고도화 또한 중요한 발전 방향이다. 온라인 패널은 앞으로도 웹서베이의 주요 표집틀 중 하나로 기능할 것이며, 미래에는 패널 회원을 모집하고 유지하며 관리하는 방식이 지금보다 훨씬 더 정교해질 것이다. 패널의 프로파일링은 더욱 상세화되고 실시간으로 업데이트될 것이며, 패널의 피로도를 관리하고 참여 동기를 부여하는 개인화된 커뮤니케이션이 강화될 것이다. 또한 중복 참여나 전문 응답자를 방지하기 위한 디지털 핑거 프린팅(finger printing)이나 행동 패턴 분석과 같은 기술적 솔루션이 더욱 강화될 것이다.

궁극적으로는 다중 소스 데이터의 결합(mixed-mode & multi-source integration)이 보편화될 것이다. 웹서베이만으로는 도달하기 어려운 모집단(예: 고령층)을 위해 전화 조사, 대면 조사, 우편 조사와 같은 전통적인 방법을 웹서베이와 유기적으로 결합하는 '혼합 모드(mixed-mode)' 접근이 더욱 활발해질 것이다. 나아가 응답자가 직접 답한 설문 데이터와, 응답자의 동의하에 수집된 실제 행동 데이터(웹사이트 로그, 소셜 미디어 활동, 제품 구매 기록, 센서 데이터 등)를 결합하는 '다중 소스 통합'은, 사람들의 '말'과 '행동' 사이의 간극을 분석해 보다 포괄적이고 심층적인 통찰을 제공하며, 표본의 대표성 한계를 극복하는 데에도 크게 기여할 것이다.

## 새로운 조사 형태 및 윤리적 고려 사항

기술 발전과 데이터에 대한 깊어진 요구는 웹서베이의 새로운 형태를 탄생시키는 동시에, 이전과는 비교할 수 없을 정도로 윤리적 고려 사항의 중요성을 부각할 것이다.

설문 참여 자체를 하나의 즐거운 경험으로 만드는 게이미피케이션(Gamification) 적용은 응답 동기를 부여하고 피로도를 감소하는 효과적인 방법으로 더욱 부상할 것이다. 설문에 퀴즈, 레벨 업, 보상과 같은 게임적 요소를 도입해 응답 경험을 즐겁게 만들고, 이는 응답률 향상 및 데이터 품질 개선이라는 선순환으로 이어질 수 있다. 또한 단 한두 개의 질문으로 구성된 '마이크로 서베이(Micro Survey)'나 특정 시점의 경험이나 감정을 실시간으로 포착하는 '인-모멘트(In-the-Moment) 조사'와 같은 짧고 즉각적인 설문 방식도 더욱 확산할 것이다.

그러나 이러한 눈부신 발전과 함께, 데이터 윤리 및 보안의 중요성은 비교할 수 없을 만큼 증대될 것이다. 「유럽 일반개인정보보호법(GDPR)」과 같이 강화되는 전 세계적인 규제 추세는, 개인 정보를 보호하는 기술적 장치와 윤리적 가이드라인 준수를 모든 조사의 필수적인 전제 조건으로 만들 것이다. 설문 데이터의 수집, 저장, 활용 전반에 걸쳐 투명성을 확보하고, 응답자에게 명확한 동의를 구하며, 데이터 유출 및 오용에 대한 무한한 책임 있는 자세가 더욱 강력하게 요구될 것이다. 미래의 연구자와 조사업체는 최고 수준의 보안 프로토콜을 유지하고, 데이터 사용에 대한 명확한 정책을 수립하며, 이를 응답자에게 투명하게 고지해야 할 의무를 진다. 이러한 윤리적 토대 없이는 아무리 기술이 발전한다 하더라도, 웹서베이라는 강력한 도구의 지속 가능한 발전은 결코 이루어질 수 없을 것이다.

## 참고문헌

Callegaro, M., Manfreda, K. L., & Vehovar, V.(2015). *Web survey methodology*(Research methods for social scientists). Sage Publications.

Couper, M. P.(2017). The future of surveys: The next 75 years. *Public Opinion Quarterly, 81*(S1), pp.882-893.

Dillman, D. A., Smyth, J. D., & Christian, L. M.(2014). *Internet, phone, mail, and mixed-mode surveys: The tailored design method.* John Wiley & Sons.

Gosling, S. D. & Mason, W.(2015). Internet research in psychology. *Annual Review of Psychology, 66*, pp.877-902.

Schober, M. F., Conrad, F. G., & Hjelm, L.(2017). Ethical issues for survey researchers in the age of Big Data. *Journal of Survey Statistics and Methodology, 5*(2), pp.273-290.

Tourangeau, R., Conrad, F. G., & Couper, M. P.(2013). *The science of web surveys.* Oxford University Press.

**오승호**

20여 년간 조사회사에서 '서베이 컨설턴트'로 일하고 있다. 한국외국어대학교 러시아어과에서 학사학위를, 서강대학교 정치외교학과에서 석사학위를 받았다. 대학 2학년 시절 김웅진 교수의 정치학방법론 강의에서 설문지 작성에 대한 강의에 큰 흥미를 느꼈고, 이후 관련 일을 소위 업으로 삼고자 이후 사회조사분석사 2급(2002.11.11)을 취득했다. 연구 논문으로는 "웹기반 선거여론조사의 쟁점과 신뢰성 제고방안 연구."(조성겸·오승호. 2021), "Web Survey Sampling Methods that Minimize Political Bias: PPS with Benchmarking Weight as a Size Variable"(Park Seunghwan·Oh Seungho, 2024 WAPOR CONFERENCE) 등이 있다. 서베이 방법론에 전반적으로 관심이 많으며, 특히 웹서베이에 대한 열정은 '덕후' 수준이라는 주위의 평가를 듣곤 한다. 서베이 방법론과 관련해 개인 블로그(https://method-survey.blogspot.com/)도 운영하고 있다.